ulmer

Mirjam Beile

Brot backen mit Emmer, Einkorn & Co.

im Brotback-automaten

Backen mit Urgetreide - die Basics

Ur-Brot-Rezepte

Süße Gebäcke mit Urgetreide

Service

Abkürzungen

g = Gramm
ml = Milliliter
TL = Teelöffel
EL = Esslöffel
Pkg. = Päckchen

Vergessene Schätze

Die Zukunft liegt in der Vergangenheit … was für ein Satz! Doch auf den Getreideanbau trifft er zu – denn die alten, ganz alten Getreidesorten sind wieder da: Dinkel, Einkorn und Emmer. Statt hochgezüchteter, konventioneller Getreidesorten werden nun Ur-Dinkel, Einkorn und Emmer auf vielen Äckern angebaut. Sorten, die teilweise schon im alten Ägypten kultiviert wurden, aber seit Jahrzehnten nicht mehr ins Bild einer auf Höchsterträge getrimmten Landwirtschaft passen. Wer ihre speziellen Backeigenschaften kennen gelernt hat, ihren einzigartigen Geschmack zu schätzen weiß, wird mit den Urgetreiden sehr leckere, herzhafte Brote, Kuchen und andere Spezialitäten zaubern und verstehen, warum sie heute auf dem Vormarsch sind.

Ich glaube, dass sich viele nicht an das Backen mit Urgetreide heranwagen, da sie zu wenig über das wertvolle Korn wissen. Vieles, was früher ganz selbstverständlich war, ist durch industrielle Fertigprodukte verdrängt und dann vergessen worden.

Ich würde mich freuen, Ihr Interesse, Ihre Leidenschaft und Begeisterung für die Urgetreide zu erwecken. Eine große Vielfalt an Sorten mit schönen botanischen Namen – darunter Lichtkornroggen, Waldstaudenroggen, Winteremmer, Oberkulmer Rotkorn, Rotkornweizen – wartet nur darauf, von Ihnen entdeckt zu werden.

Ich wünsche Ihnen viel Spaß mit den Urkörnern beim Backen und Genießen!

Backen mit Urgetreide
– die Basics

Der Brotbackautomat

Kein Brot schmeckt so gut wie ein frisch und selbst gebackenes, besonders wenn man weiß, was drinsteckt. Mit dem Brotbackautomaten wird Brot backen kinderleicht und bedeutet auch keinen großen Arbeitsaufwand mehr: Einfach alle Zutaten in die Backform geben und nach 2 bis 3 Stunden ein frisches Brot genießen. Sie werden sehen, bald möchten Sie Ihren Brotbackautomaten nicht mehr missen! Brote selber von Hand zu backen, kann recht mühsam sein. Man braucht außerdem einige Vorkenntnisse über Knetzeit, Teiggärung oder Teigtemperatur. Einfacher und bequemer geht's im Brotbackautomaten, er übernimmt für Sie all diese mühevollen und zeitraubenden Arbeiten. Rühren, Kneten, Aufgehen, Backen: Dies geschieht vollautomatisch. Das Gerät verbindet für Sie die Vorteile von selbstgebackenem Brot mit einem minimalen Arbeitsaufwand. Ein Küchenhelfer, der frisches Brot nach Ihren Wünschen „zaubert" und außerdem noch weitere Funktionen unterstützt: Nutzen Sie ihn als Teigknetmaschine für Hefe- oder Pizzateig oder als „Gärschrank", um Teige an einem warmen Ort gehen lassen. Je nach Modell können Sie sogar Marmelade darin kochen.

Im Vergleich zum Backofen verbrauchen Brotbackautomaten weniger Strom – etwa nur ein Viertel bis die Hälfte. Kurz gesagt, der Brotbackautomat ist ein unverzichtbares Küchengerät, das Ihnen mit Sicherheit viel Freude bereiten wird.

Fertig, das Brot kann herausgenommen werden.

Freude und Genuss

Mit dem Brotbackautomaten können Sie viele verschiedene Brotsorten backen: Der Vielfalt sind kaum Grenzen gesetzt. Sobald Sie die ersten Erfahrungen gesammelt haben, können Sie Ihrer Fantasie freien Lauf lassen und Ihre eigenen Urkorn-Brotsorten kreieren.

Brotbacken mit dem Brotbackautomaten ist etwas sehr Lebendiges: Die Herstellung von selbstgemachten Brot bringt Freude und ist ein Erfolgserlebnis. Dazu macht sie unabhängig, denn Sie werden nun stets – frisches oder eingefrorenes – selbstgebackenes Brot auch an Feiertagen oder Wochenenden im Haus haben.

Welche Arten von Brotbackautomaten gibt es?

Die Idee der Brotbackautomaten stammt aus Japan. 1987 wurde das erste Gerät auf dem deutschen Markt angeboten. Zunächst gab es nur einige wenige Modelle, inzwischen ist das Angebot aber sehr groß. Die Preise liegen zwischen 30 und 200 Euro. Alle Automaten, ob günstig oder hochpreisig, haben eines gemeinsam: Sie können alle Brot backen. Die Unterschiede liegen in der Kapazität (minimaler bzw. maximale Mehlmenge), im Zubehör, im Gewicht des Gerätes, in der Leistung, in den Umwelteigenschaften (wie Stromverbrauch), im Design, in der Benennung der Funktionen und Programme und natürlich in der Technik. Die hochpreisigen Geräte haben eine bessere Wärmeisolierung, werden also von außen nicht zu heiß, und sie arbeiten meist leiser. Sie können nun zwischen diversen Anbietern oder verschiedene Gerätevarianten wählen. Doch egal, für welches Gerät Sie sich entscheiden, achten Sie darauf, dass es das GS-Zeichen für geprüfte Sicherheit sowie das CE-Zeichen trägt.

Welches Gerät ist das richtige für mich?

Es gibt mittlerweile eine riesige Auswahl an Brotbackautomaten, und in allen können Brote, Kuchen und Teige zubereitet und gebacken werden. Damit Sie für Ihre Zwecke die richtige Wahl treffen, sollten Sie vor dem Kauf ein paar Überlegungen anstellen: Wie häufig wollen Sie Ihren Brotbackautomaten nutzen und wie viel Platz haben Sie in Ihrer Küche? Die Geräte sind nämlich zum Teil so groß wie Mikrowellen. Werden Sie täglich Brot backen? Oder nur ab und zu? Sind Sie single oder backen Sie für die ganze Familie? Diese Fragen im Vorfeld zu klären, kann Ihnen die Auswahl bereits sehr erleichtern.

Eine Frage der Größe

Das erste Entscheidungskriterium ist die Größe bzw. Kapazität des Automaten: Manche Geräte können lediglich 500-Gramm-Brote backen, andere wiederum die doppelte oder dreifache Menge. Am flexibelsten sind Sie jedoch mit jenen Automaten, bei denen Sie die Brotgröße frei wählen können, vom 500-Gramm-Brot für Pärchen bis hin zum 1500-Gramm-Familienbrot.
Vollkornmehle, Kerne, Nüsse oder Samen sind schwer, und so nähern Sie sich mit Vollkornbroten schnell dem Grenzgewicht. Daher sind Automaten, die mindestens 1000-Gramm-Brote verarbeiten können, von Vorteil, auch wenn Sie dann nur 750-Gramm-Brote backen. Die maximale Brotgröße ist bei den gängigen Automaten mit etwa 1800 Gramm erreicht.

Auch die Form spielt eine Rolle

Ein Sichtfenster im Deckel ist hilfreich, um den Gär- bzw. Backprozess zu beobachten. Manche Automaten haben sogar eine zuschaltbare Innenraumbeleuchtung. Bei Geräten ohne Sichtfenster kann man den Backvorgang nur via Display kontrollieren.
Alle Brotbackautomaten sind mit einer teflonbeschichteten Backform ausgestattet, damit sich das Brot nach dem Backen gut aus der Form lösen lässt. Je nach Gerät ist diese rechteckig (typische Kastenbrotform) oder quadratisch, was aber nur ästhetisch von Bedeutung

Brotbackform mit einem Knethaken

Brotbackform mit zwei Knethaken

ist und auf die Qualität des Brotes keinen Einfluss hat.
Ein weiterer Unterschied ist die Anzahl der Knethaken. Bei Brotbackautomaten mit einem Knethaken entsteht lediglich eines statt zwei Löchern im Brotboden. Wobei jene mit zwei Haken auch einen großen Vorteil haben: Je größer das Brot ist und je mehr Mehl benutzt wird, umso schwerer ist es, den Teig sorgfältig zu kneten – das geht mit doppelter Kraft natürlich einfacher. Zudem ist bei diesen Geräten die Backform immer rechteckig, was den Broten die typische Kastenform verleiht. Meine Erfahrung ist, dass der Brotbackautomat mit „nur" einem Knethaken für 500- bis 1200-Gramm-Brote vollkommen ausreicht, zumal man bei den Teigen immer etwas mit einem Teigschaber nachhelfen kann, damit keine Mehlreste am Rand verbleiben und alles gut vermischt wird.

Einige Brotbackrezepte erfordern in verschiedenen Stadien des Backvorgangs die Zugabe von Zutaten wie Nüssen, Rosinen etc., daher haben einige Automaten einen automatischen Zutatenspender: Die Zutaten werden vor dem Kneten ins Gerät eingefüllt und zum passenden Zeitpunkt dazugegeben. Backautomaten ohne Zutatenspender erinnern Sie mittels Piepton daran, die Zutaten von Hand in die Backform zu geben.

Alles verständlich?

Bevor Sie sich für ein Gerät entscheiden, werfen Sie auch einen Blick in die Gebrauchsanleitung des gewünschten Automaten: Ist sie leicht zu verstehen und benutzerfreundlich? So einfach sich Brotbackgeräte bedienen lassen, so kompliziert sind häufig ihre Gebrauchsanweisungen. Manche sind schwer nachzuvollziehen und verwirren eher. Gerade wer noch nie mit einem Brotbackautomaten gearbeitet hat, braucht eine einleuchtende, klare Anleitung in einfachen Worten, die nicht nur alle Funktionen und Bedienschritte erklärt, sondern auch mögliche Fehlerquellen nennt. Hilfreich ist eine vorhandene Checkliste für Notfälle und Angaben zum Kundendienst bzw. Reparaturservice. Das erspart Ihnen bei einem Defekt viel Zeit.

Was man noch beachten sollte

> Die Handhabung des Automaten sollte einfach und klar sein, die Bedienteile (Folientastatur) sollten klar gekennzeichnet, übersichtlich und handlich sein. Die Programmauswahl erfolgt entweder über Sensortasten oder einfache Drucktasten.

- Alle Backautomaten sind mit vorprogrammierten Backprogrammen ausgestattet, meist sind es sechs bis 15 verschiedene: Von Toast-, Normal- und Vollkornbrot bis hin zu schnell und glutenfrei – die Backprogramme decken in aller Regel die meisten Backwünsche ab. Findet man jedoch unter den vorhandenen Programmen nicht das für sich geeignete, so bieten einige Geräte ein „Eigenprogramm", mit dem man sämtliche Phasen des Backvorgangs nach eigenen Wünschen programmieren kann.
- Die meisten Geräte haben einen Stromausfallspeicher: Nach einem Stromausfall von maximal 10 bis 30 Minuten arbeitet der Automat an der Stelle des Programms weiter, an der er unterbrochen wurde.
- Mithilfe der Zeitschaltuhr (Timer) können Sie vorprogrammieren, wann Ihr Brot fertig sein soll. Es ist eine verlockende Vorstellung: Spät abends kommen alle Zutaten hinein, dann wird vorprogrammiert. Der Rest geht von allein und morgens können Sie bereits zum Frühstück Ihr selbstgebackenes Brot genießen. Lassen Sie jedoch den Brotbackautomaten trotz Zeitschaltuhr nicht unbeaufsichtigt: Im Falle eines Gerätebrands kann es Ärger mit der Hausratversicherung geben.

Wenn Sie nach Ihren Kriterien ein Gerät aussuchen und dem Automaten einen festen Platz in Ihrer Küche überlassen, werden Sie viel Spaß und Freude am Backen haben. Jedoch eines bleibt gewiss: Ein nützlicher und perfekter Brotbackautomat ist nicht nur Sache des Herstellers, sondern auch des Benutzers. Nehmen Sie sich daher ein wenig Zeit, um seine Funktionen kennenzulernen.

Tipp beim Kauf

Stellen Sie beim Kauf eines Brotbackautomatens Ihre persönlichen Bedürfnisse in den Vordergrund. Vergleichen Sie auch die Angebote in Elektrogeschäften und Discountmärkten, denn größere Preisunterschiede gibt es häufig. Für welches Modell Sie sich dann auch entscheiden werden: Es wird das richtige für Sie sein.

Wie funktioniert ein Brotbackautomat?

Brotbackautomaten faszinieren durch ihre einfache Handhabung: Da sie alle nach dem gleichen Prinzip arbeiten, ist der Programmablauf bei allen Geräten sehr ähnlich.

Einsetzen der Backform

Im Inneren des Gehäuses sitzt eine beschichtete Backform mit Knethaken. Um diese einzusetzen, halten Sie sie mit beiden Händen und setzen Sie die Form in die Mitte des Sockels im Backraum. Drücken Sie sie vorsichtig nach unten, bis sie einrastet. Bei einigen Modellen wird die Form bis zum Anschlag im Uhrzeigersinn gedreht. Setzen Sie nun den oder die Knethaken auf die Antriebswelle, die die Knethaken während des Gerätebetriebs bewegt. Vergewissern Sie sich anschließend, dass die Haken richtig fest verankert sind.

Einfüllen der Zutaten

Alle Zutaten werden in vorgegebener Reihenfolge in die Backform gefüllt: Normalerweise werden zuerst die flüssi-

Die Flüssigkeit wird in die Backform geschüttet.

gen Lebensmittel wie Wasser und Milch und anschließend die trockenen wie Mehl und Zucker eingefüllt (bei einigen Geräten ist es umgekehrt, schauen Sie in Ihre Gebrauchsanweisung). Einige Modelle haben ein extra Hefe- oder Zutatenverteilerfach, das sich zum richtigen Zeitpunkt öffnet, um die jeweilige Zutat zum Teig hinzuzugeben. Alle Zutaten oder Teige, die Sie in den Brotbackautomaten geben, sollten bei Programmstart mindestens Zimmertemperatur haben. Schließen Sie zuletzt den Deckel des Gerätes.

Programmablauf

Über eine Folientastatur wählen Sie nun das gewünschte Programm, beispielsweise für Misch- oder Vollkornbrot, Weißbrot oder Mehrkornbrot. Jeder Hersteller benutzt unterschiedliche Bezeichnungen für die Backprogramme, die sich aber häufig sehr ähneln.
Übliche Backprogramme sind z. B.: Normal, Toastbrot, Französisch, Weißbrot, Schnell, Kuchen, Vollkorn.
Die einzelnen Programme geben vor, wie lange für das Kneten, Ruhen und Backen des Teiges vorgesehen ist. So beginnt z. B. das Programm „Schnell" mit einer Knetphase von 15 Minuten, dann ruht der Teig 40 Minuten und zuletzt wird er 60 Minuten gebacken – macht eine Gesamtzeit von 1 Stunde und 55 Minuten. Zum Vergleich ist der Zeitablauf beim Backprogramm „Vollkornbrot" folgender: 15 Minuten kneten, 15 Minuten ruhen, 15 Minuten kneten, 90 Minuten aufgehen und 60 Minuten backen – macht eine Gesamtzeit von 3 Stunden 15 Minuten. Wobei sich die genauen Zeitintervalle von Modell zu Modell unterscheiden.
Mit dem „Eigenprogramm" können Sie selbst programmieren, wie lange der

Der geknetete Teig

Der Teig ist in der Backform gegangen.

Teig geknetet werden, ruhen und backen soll. Sehen Sie sich in der Beschreibung die Programme und ihren zeitlichen Ablauf an und wählen Sie dann das passende Programm für Ihr Brot aus. Die Gesamtzeit der Brotherstellung erscheint automatisch bei Auswahl des Backprogrammes im Display und läuft während des Knet-, Ruhe- und Backvorganges rückwärts.
Zudem gibt es häufig neben den Backprogrammen noch die Funktion „Teig“. Sie ermöglicht es, den Teig nur zu kneten und aufgehen zu lassen, sodass Sie beispielsweise die Pizza am Abend, die Brötchen zum Sonntagsfrühstück oder Ihr Brot (damit es nicht immer rechteckig, sondern auch mal rund ist) im Ofen fertig backen können.
Mit der Bräunungstaste können Sie die gewünschte Krustenbräune wählen: hell, mittel oder dunkel.
Nach dem Programmstart übernimmt der Brotbackautomat automatisch alles Weitere.
Informationen über den Zeitablauf und die Bedeutung Ihrer Backprogramme finden Sie in Ihrer Bedienungsanleitung.

Das Backen

Die nötige Hitze zum Backen liefert ein Ringheizkörper, der sich meist im unteren Viertel des Backraums befindet. Das ist auch der Grund, warum den Broten aus dem Backautomaten die typische intensive Bräunung an der Oberseite fehlt. So ist auch die Kruste an den Seiten wesentlich stärker ausgebildet als oben, da die Geräte nur von unten beheizt werden und sich die Hitze ausschließlich über die Backform auf den Teig überträgt. Da fehlt schlicht die Strahlungswärme der Ober- und Unterhitze aus dem Ofen. Jedoch ist der Bräunungsgrad auch vom Rezept abhängig: Ein Brot aus hellem Mehl (z. B. Ur-Dinkel Type 630) bleibt blasser als eines aus dunklem Mehl (z. B. Roggenvollkornmehl). Sollte nach Beendigung des Backprogramms das Brot noch zu hell sein, können Sie, wenn es Ihr Modell unterstützt, mit dem Programm „Backen“ nachbacken, bis es die perfekte Bräunung erreicht hat.

Fertig!

Wenn das Brot fertig ist, ertönt mehrmals ein Piepton, um anzuzeigen, dass das Brot entnommen werden kann. Gleichzeitig beginnt bei einigen Modellen eine Warmhaltezeit von bis zu

Wann ist ein Brot oder Kuchen fertig gebacken?

Die Backzeit richtet sich zum einem nach dem Produkt, der Programmauswahl und Menge.
Ob ein Brot fertig gebacken ist, können Sie durch mehrere Möglichkeiten testen.
Bei Kuchenteigen und weicheren Teigen bietet sich die „Stäbchenprobe“ an. Dabei wird ein Holzspieß (Schaschlikspieß oder Zahnstocher) in die Mitte des Teiges gesteckt und wieder herausgezogen. Klebt kein Teig mehr daran, ist das Produkt fertig.
Bei festeren Teigen und Brotteigen holen Sie das Brot aus der Backform und klopfen etwas auf die Unterseite des Brotes, nun sollte es „hohl“ klingen. Falls das nicht der Fall ist: Einfach mit der „Backfunktion“ das Brot noch einige Minuten nachbacken.
Eine ganz sichere Methode ist, ein Bratenthermometer zu benutzen. Bei einer Kerntemperatur von 94–99 °C ist das Brot fertig gebacken.

60 Minuten. So wird vermieden, dass das Brot in der Form abkühlt, sich dadurch Kondenswasser in der Backform bildet und das Brot knatschig wird. Drücken Sie die Stopp-Taste und schalten Sie das Gerät aus.
Nehmen Sie nun die Backform (Vorsicht, heiß!) mithilfe von Topflappen heraus und stürzen Sie sie kopfüber auf einen Gitterrost, damit das Brot auch von unten abkühlen kann. Sollte es sich nicht gleich aus der Backform lösen, drehen Sie ein paarmal an der Antriebswelle, bis das Brot herausfällt. Wenn der Knethaken im Brot stecken bleibt, probieren Sie, diesen herauszulösen, was nicht immer ganz einfach ist, besonders wenn er festgebacken ist. Das passiert bei schweren Vollkornbrotteigen eher als bei hellen Weißbrotteigen. Hilfreich ist auch ein Knethakenentferner, der bei einigen Herstellern gleich mitgeliefert wird. Unter „Tipps und Tricks" (S. 42) finden Sie noch weitere Lösungsvorschläge.

Arbeitsschritte im Überblick

1. Backform einsetzen
2. Knethaken einsetzen
3. Zutaten in vorgegebener Reihenfolge einfüllen
4. Deckel schließen
5. Gerät einschalten
6. Programmablauf auswählen, beispielsweise „Basic"
7. Bräunungsgrad wählen
8. Start-Taste drücken
9. Automat mischt, knetet, berücksichtigt die Ruhezeit und backt den Teig vollautomatisch
10. Ende des Programmablaufes, Brot herausnehmen, abkühlen lassen und genießen

Geduldsprobe: abkühlen lassen

Auch wenn die Verlockung groß ist, direkt eine Scheibe Brot abzuschneiden, um zu probieren: Lassen Sie das Brot zuerst auf einem Gitterrost abkühlen, denn warm lässt es sich nicht so gut anschneiden. Und bei manchen Broten, vorwiegend mit Ur-Roggenmehl gebacken, entwickelt sich das volle Aroma erst nach ein bis zwei Tagen.

Zuletzt: die Reinigung

Bevor Sie mit der Reinigung starten, ziehen Sie den Netzstecker und lassen Sie den Brotbackautomaten abkühlen. Säubern Sie den Automaten plus Zubehör ausschließlich mit der Hand. Die Backform dürfen Sie nicht in die Spülmaschine stellen, da sonst die Antihaftbeschichtung beschädigt werden kann und sich das Brot dann nicht mehr leicht lösen lässt. Scheuermittel oder Metallbürsten können die Antihaftbeschichtung ebenfalls zerstören. Reinigen Sie die Backform daher ausschließlich mit klarem Wasser und Spülmittel. Achten Sie außerdem darauf, deren Außenseite nicht ins Wasser zu tauchen. Falls dies doch passiert, trocknen Sie die Backform sorgfältig ab, damit die Antriebswelle nicht rosten kann. Füllen Sie am besten die Backform (vor dem Entfernen des Knethakens) mit warmem Spülwasser und lassen Sie alles 5–10 Minuten einweichen.

Der Knethaken wird mit Hilfe eines Knethakenentferners entfernt.

Anschließend können Sie die Backform ganz leicht auswischen und auch der Knethaken lässt sich so gut lösen. Reinigen Sie den Knethaken ebenfalls mit Spülmittel und warmem Wasser. Ein Tipp von mir: Für die Säuberung der unzugänglichen Stellen haben sich Wattestäbchen sehr gut bewährt, und um Mehlreste aus dem inneren Gehäuse zu entfernen, verwenden Sie am besten einen Staubsauger. Den Brotbackautomaten können Sie von außen und innen mit einem weichen, feuchten Spültuch abwischen.

Was sind Urgetreide?

Die meisten verstehen unter dem Begriff „Mehl“ nur das Produkt aus gemahlenen Weizen- oder Roggenkörnern. Wie langweilig eigentlich, denn Getreidemehl gibt es in einer weitaus größeren Vielfalt. Indem wir sie nutzen, bringen wir jede Menge Abwechslung auf den Tisch.

Den einen geht es darum, die Vielfalt an kultivierten Sorten zu erhalten oder wiederherzustellen, die anderen schätzen vor allem den unverfälschten, guten Geschmack und die wertvollen Inhaltsstoffe.

Kurz gesagt sind Urgetreide die ganz alten Getreidesorten mit einem besonderen Geschmack. Biologisch gesehen gehören die verschiedenen Getreidesorten zur Familie der Gräser. Vor Tausenden von Jahren entdeckten die Menschen, dass die Körner bestimmter Gräser gut schmecken und außerdem satt machen. So begannen sie, die Samen zu sammeln. Einige davon säten unsere Vorfahren wieder aus und kultivierten sie allmählich. Damals waren Einkorn, Emmer und Gerste die wichtigsten Getreidearten für die Ernährung. Die Urformen wurden jedoch durch klassische Züchtung über Jahrhunderte gezielt verändert, um unter anderem den Ertrag zu steigern. Und da die ertragreicheren Getreide wie der Weizen sich im Anbau und bei den Ernährungsgewohnheiten der Menschen durchsetzten, verschwanden nach und nach die Urgetreidearten Einkorn, Emmer und Dinkel. Im Laufe des 20. Jahrhunderts verdrängte der Weizen die alten Getreidesorten fast vollkommen. Dabei sind leider auch regionale Produkte, alte Rezepte, das Wissen rund um diese Getreidearten sowie Geschmacksnuancen und wertvolle Inhaltsstoffe verschwunden.

Durch das verstärkte Interesse an hochwertigen, ökologisch erzeugten Lebensmitteln wurden jedoch die alten Getreidesorten wieder entdeckt, so dass seit einigen Jahren diese Arten wieder angebaut werden. Einkorn und Emmer werden erst seit etwa 10 bis 15 Jahren, Dinkel bereits seit 20 bis 25 Jahren wieder in Deutschland angebaut.

Einkorn, Emmer und Dinkel sind mittlerweile in vielen Mühlen, Biomärkten, Reformhäusern, Supermärkten und im Internet erhältlich und überzeugen vor allem durch ihren typischen Geschmack und ihre vielfältigen Einsatzmöglichkeiten. Doch neben diesen drei wiederentdeckten Sorten gibt es noch weitere, bereits seit langem kultivierte Getreide, die es ebenfalls verdienen, in der Backstube öfter zum Einsatz zu kommen.

Verschiedene Urgetreidearten

Urgetreide im Porträt

Eine große Getreidefamilie mit viel Vergangenheit und großer Zukunft! Schon früh vermutete man, dass eine enge Verwandtschaft zwischen den Weizenarten besteht. Daher gliederte man sie in drei Abstammungs- bzw. Zuchtlinien: Einkorn-Reihe (Wild-Einkorn, Einkorn), Emmer-Reihe (Wild-Emmer, Emmer, Hartweizen) und Dinkel-Reihe (Dinkel, Weichweizen). Eine andere Einteilung ist die in Winter- und Sommersorten. Innerhalb einer Art gibt es spezielle Züchtungen: Eine große Vielfalt mit schönen botanischen Namen, wie Lichtkornroggen, Waldstaudenroggen, Winteremmer, Oberkulmer Rotkorn und viele mehr bezeichnen die Sorten. Sie warten nur darauf, von Ihnen entdeckt zu werden!
Im folgenden Kapitel finden Sie Informationen zu Besonderheiten, Geschmack, Backeigenschaften und Produkten des jeweiligen Urgetreides.

Einkorn – mehr als nur „ein" Korn

Einkorn ist eine der ältesten kultivierten Getreidearten in der Geschichte der Menschheit. Es gehört (wie Emmer und Dinkel auch) zu den Spelzgetreiden: Seine Getreidekörner sind von einer festen Hülle (Spelze) eingeschlossen und müssen zur Weiterverarbeitung erst aus dieser gelöst werden. Aus der Einkornähre bzw. dem Ährenspindel reift nur ein Korn, daher vermutlich der Name. Besonders charakteristisch ist beim Einkornmehl seine schöne goldgelbe Farbe, die es seinem hohen Carotin-Gehalt verdankt. Ernährungsphysiologisch ist es durch einen hohen Eiweißgehalt, Carotinoide und Mineralstoffe sehr wertvoll. Einkorn hat einen hohen Gehalt an Kleber, doch die Kleberqualität ist sehr weich. Daher sind die Backeigenschaften nur mäßig und die Teige leider nicht so elastisch. Teige aus Einkorn binden wenig Wasser, sind kaum dehnbar und recht „klebrig", was für das Backen in der Kastenform im Brotbackautomaten aber kein Problem darstellt. Durch Herstellung eines Vorteigs, Sauerteigs oder durch Zugabe von Emmer, Hartweizenmehl oder anderen Mehlen lässt sich aber eine bessere Bindefähigkeit und Geschmeidigkeit bewirken. Aus dem Einkorn lassen sich sowohl herzhafte als auch süße Gebäcke herstellen, mit einem sehr feinen, nussigen Aroma.
Produkte: Ganzes Korn, Schrot, Vollkornmehl, Mehl, Flocken, Reis (Perl-Einkorn), Bier, Schnaps

Einkorn

Emmer

Emmer

Emmer ist zusammen mit Einkorn eine der ältesten kultivierten Getreidearten und dem Hartweizen nahe verwandt. Aus der Emmerähre bzw. dem Ährenspindel wachsen zwei Körner, weshalb der Emmer auch Zwei-Korn genannt wird und etwas ertragreicher ist als Einkorn. Er hat einen sehr hohen Mineralstoffgehalt – Eisen, Magnesium und Zink – sowie einen wesentlich höheren Eiweißgehalt als Weizen. Dadurch ist Emmer ernährungsphysiologisch sehr wertvoll. Das Emmermehl wird durch das Vermahlen des recht harten, glasigen Korns eher grießig (ähnlich wie Grießweizen). Daher eignet es sich auch hervorragend zur Herstellung von Nudeln oder einer Art Polenta, ist aber natürlich auch für die Vollkornbrotbäckerei perfekt. Die Backeigenschaften von Emmer ähneln meiner Erfahrung nach denen des Dinkels. Eine Mischung bzw. Zugabe von 20 bis 30 % einer anderen Mehlsorte macht das Brot noch lockerer. Der intensive, würzige Geschmack und seine charakteristische dunkle Färbung machen den Emmer besonders interessant für das Brotbacken, aber auch für Kuchen oder Feingebäcke. Immer beliebter wird in Deutschland das Emmer-Bier. Falls Sie noch keines gekostet haben: Es ist ein naturtrübes Genusserlebnis.

Produkte: Ganzes Korn, Schrot, Vollkornmehl, Mehl, Flocken, Reis, Bier, Schnaps

Heimischer Getreide-Reis, Bayrischer Reis, Perl-Dinkel

Der Überbegriff könnte auch „Graupen" lauten. Hierbei handelt es sich nicht um Reis im botanischen Sinne, sondern um schonend geschliffenes und poliertes Urgetreide. Einkornreis, Emmerreis, Dinkelreis, Roggenreis sind eine großartige Bereicherung des Speiseplans und der Brotbäckerei. Die äußersten Schichten des Getreidekorns werden mit dem Keimling entfernt. Das verbessert die Kocheigenschaft, so dass man die Körner wie Reis zubereiten kann.

Ur-Dinkel

Ur-Dinkel ist ebenfalls ein älteres Getreide mit Tradition und gilt als der nächste Verwandte von Weichweizen. Dinkelmehl wird aus dem Dinkelkorn (auch Spelz-, Schwaben- oder Alemannenkorn genannt), einer Urform des heutigen Weizens, gemahlen. Dinkel wurde jedoch züchterisch weniger verändert als z. B. Weizen. Heutige Ur-Dinkelsorten sind alte, ungekreuzte Sorten, beispielsweise das Franckenkorn, Oberkulmer Rotkorn, Neuegg Weißkorn, Altgolg oder das Bauländer Spelz. Es wird auch häufig unterschieden zwischen „alten" und „neuen" Dinkelsorten. Dinkel gilt als das „Urgetreide Bayerns". Durch die Wiederent-

Ur-Dinkel

Kamut

deckung der Hildegard von Bingen und die besondere Wertschätzung des Dinkels durch die Äbtissin hat sein Anbau wieder zugenommen. Für die Brotbäckerei ist Dinkelmehl ein wertvolles, eiweißreiches Mehl mit einem hohen Klebergehalt und ähnlichen Backeigenschaften wie Weizen. Dinkelprodukte sind aufgrund ihres hohen ernährungsphysiologischen Wertes, ihrer guten Verträglichkeit und ihres besonderen Aromas (leicht süßlich-nussiger Geschmack) sehr beliebt.
Produkte: Ganzes Korn, Schrot, Vollkornmehl, Mehl, Grieß, Flocken, Reis

Grünkern ist unreif oder „grün“ geernteter Dinkel, der durch das Rösten sein herzhaft würziges, nussiges Aroma gewinnt. Grünkern hat eine olivgrüne Farbe und glänzt leicht, im Gegensatz zu dem ausgereiften Dinkel ist Grünkern nicht backfähig. Er wird daher vor allem in der Küche als Suppeneinlage, Reisersatz, für Brotaufstriche oder Müsli verwendet.

Kamut

Kamut ist ein uraltes Weizengetreide und wurde durch ein cleveres Marketing zu einem „neuen“ Getreide gemacht bzw. wiederentdeckt. Kamut ist keine botanische Bezeichnung, sondern ein als Warenzeichen eingetragener Produktname für eine amerikanische Sorte Q-77. Botanische Untersuchungen haben ergeben, dass es sich dabei um Khorasanweizen handelt. Es ranken sich zahlreiche Legenden und geheimnisumwitterte Geschichten um den Kamut, bislang bleibt die Herkunft: unbekannt. Heute wird Kamut oder Khorasanweizen überwiegend in Nordamerika und Südeuropa angebaut, ausschließlich in kontrolliert-biologischer Qualität. Fakt ist, dass Kamut die Brotbackwelt mit einem einzigartigen Geschmack bereichert, der als herzhaft, leicht nussig eingestuft wird, ähnlich dem Dinkel. Die gute Backeigenschaft und der hohe Klebergehalt verraten eine nahe Verwandtschaft zum Hartweizen.
Produkte: Ganzes Korn, Schrot, Vollkornmehl, Mehl, Flocken

Ur-Roggen

Ur-Roggen

Dieses Korn liefert das bevorzugte Mehl für dunkleres, kräftigeres Brot und hat eine gute Keimfähigkeit. Zu den alten Roggensorten zählt beispielsweise der Waldstaudenroggen, auch bekannt als Johannis- oder Staudenroggen. Oder der Lichtkornroggen, mit dem sich, fein vermahlen, ein recht helles, mildes und leichtes Roggensauerteigbrot backen lässt. Das älteste Anbaugebiet in Deutschland befindet sich in Brandenburg und Mecklenburg-Vorpommern. Beim Backen sind große Unterschiede zum Dinkel, Einkorn und Emmer zu beachten: Roggenteige benötigen mehr Wasser, mehr Wärme und mehr Säuerung. Brotteige aus Roggen gelingen ausschließlich mit Verwendung von Sauerteig oder säurehaltigen Lebensmitteln wie beispielsweise Buttermilch oder Essig. Roggenmehl wird versäuert, um die mehleigene Enzymatik zu hemmen. So wird die Stärke geschützt und kann während des Backprozesses das Teigwasser optimal binden und ein Krumengerüst bilden.

Brote aus der alten Roggensorte sind meist ziemlich prägnant im Geschmack und weisen dabei einen Hauch von Süße auf. Eine lange Sättigung, eine gute Bekömmlichkeit und eine sehr lange Haltbarkeit sind überzeugende Argumente, den Ur-Roggen zu verbacken und zu genießen.
Produkte: Ganzes Korn, Schrot, Vollkornmehl, Mehl, Grieß, Flocken, Bier, Korn

Gerste

Sie ist eines der klassischen Getreide der Antike, vermutlich die älteste Sorte, die der Mensch in Kultur nahm. Gerste wurde im alten Griechenland als wichtigstes Getreide angesehen. Sie wächst fast überall, ist anspruchslos und widerstandsfähig. Gerste wird bei uns heute überwiegend als Futtermittel in der Viehmast und zur Bierherstellung (Malz,

Gerste

Hirse

besteht aus gekeimter und anschließend getrockneter Gerste), bzw. zu Kaffee (Malzkaffee) verarbeitet. Da Gerste kaum Gluten (Klebereiweiß) enthält, ist sie nur in Verbindung mit anderen Getreidearten zum Backen geeignet. Es empfiehlt sich, nur einen Anteil von 10 bis 20 % an der Gesamtmehlmenge zu verwenden.
Produkte: Ganzes Korn, Schrot, Vollkornmehl, Mehl, Grieß, Flocken, Bier

Hirse

Sie ist eines der ältesten Brotgetreide der Welt und bis heute Grundnahrungsmittel in Afrika. Größtenteils wird Hirse aus China importiert, doch teilweise auch schon in Deutschland angebaut. In Hirse stecken viel Vitamin B_3, Magnesium und Eisen – wobei die ungeschälte Hirse (Braunhirse) weitaus mehr Inhaltsstoffe als die geschälte (Goldhirse) enthält.

Ob gekocht (wie Reis), gepufft (wie Amaranth) oder gekeimt (wie Getreidesprossen), für die Brotbäckerei ist Hirse eine leckere Ergänzung. Hirse hat ein hohes Quellvermögen und benötigt daher bei der Teigherstellung etwas mehr Flüssigkeit. Das Mehl hat einen milden, süßlichen Geschmack und bewirkt in den Broten eine leichte, trockene und krümelige Struktur.
Produkte: Goldhirse, Mehl, Grieß, Flocken; Braunhirse wird zu Mehl vermahlen

Goldhirse

Goldhirse ist ein sehr kleines und hartes Korn. Es ist von einer ebenso harten Schale umgeben, die wegen ihrer Unverdaulichkeit entfernt werden muss. Aufgrund der goldgelben Farbe wird das geschälte Hirsekorn auch Goldhirse genannt.

Mehle, deren Entdeckung sich lohnt

Neben den Urgetreiden gibt es noch weitere landwirtschaftliche Erzeugnisse, die bereits seit langer Zeit kultiviert werden. Es handelt sich dabei nicht um Getreide, doch können diese Feldfrüchte ähnlich wie Getreide verarbeitet und zum Brotbacken verwendet werden. Auch sie bringen Abwechslung und gesunde Nährstoffe in die Backstube. Ich kombiniere die folgenden Mehlsorten daher gerne mit Dinkel, Einkorn, Emmer und Co.

Pseudogetreidemehle: Unter Pseudogetreide oder Pseudocerealien versteht man Körnerfrüchte, die ähnlich wie Getreide verwendet werden, aber botanisch gesehen nicht zur Familie der Süßgräser (= „echtes Getreide") gehören. Die Fruchtsamen lassen sich zu Mehl vermahlen. Pseudogetreide wie beispielsweise Buchweizen, Quinoa oder Amaranth sind von Natur aus glutenfrei und daher ein idealer Getreideersatz bei Unverträglichkeit.

Hülsenfruchtmehle: Zu den Hülsenfrüchten zählen Erbsen, Bohnen, Soja oder Linsen. Die Fruchtsamen reifen meist in mehrsamigen Hülsen (Legumen) heran. Es existieren unzählige Sorten an Hülsenfrüchten, die in allen Variationen frisch, getrocknet, geröstet oder als Mehl im Handel bezogen werden können. Neben der weltbekannten Hülsenfrucht, der Sojabohne, gehört auch die Erdnuss als tropische Hülsenfrucht zu den Leguminosen.

Ölsaatenmehle: Zu den Ölsaaten zählen Pflanzensamen wie Leinsamen, Sesam oder Sonnenblumenkerne. Sie sind sehr fett- und nährstoffreich und werden daher oft zur Ölgewinnung verarbeitet. Die dabei zurückgebliebenen Rückstände können zu Mehl verarbeitet werden. Mit einer Getreidemühle lassen sich Ölsaaten nicht mahlen, sie sind zu ölhaltig. Falls Sie Ölsaaten zu Hause selber mahlen möchten, hat sich je nach Saat eine Ölsaatenmühle, Kaffeemühle, Gewürzmühle, Pfeffermühle, ein Mixer oder Mörser bewährt.

Nussmehle: Nüsse und Kerne (sie gehören botanisch zum Schalenobst) sind die Samen der entsprechenden Pflanzengattung. Der Nährstoff- und Fettgehalt variiert von Sorte zu Sorte. Fein gemahlen eigenen sie sich prima als Teigzutat und werten damit jedes Brot auf. Wenn Sie das nussige Aroma verstärken möchten, rösten Sie die Samen zuvor ohne Fett an, das schmeckt wunderbar. Gängige Nussmehle sind beispielsweise Mandel- oder Kastanienmehl.

Hinweis: Nüsse und Kerne sind stark allergen und selbst kleine Mengen reichen aus, starke allergische Reaktionen auszulösen. Verarbeitung und Zubereitungsverfahren haben dabei keinen Einfluss auf die Allergene.

Stärkemehle: Als Stärkemehl werden die aus Pflanzen gewonnen Stärken zusammengefasst. Sie werden zum Binden von Flüssigkeiten und Massen eingesetzt und besonders gern in der Feinbäckerei verwendet. Verbreitete Stärkemehle sind Weizenstärke, Kartoffelmehl/Kartoffelstärke, Maisstärke, Reisstärke, Pfeilwurzelmehl und Tapiokamehl/Tapiokastärke.

Vom Getreide zum Mehl

Die Ernte von Getreide ist heute längst eine Angelegenheit der Technik. Die früher harte Arbeit des Mähens mit Sichel und Sensen und Dreschens mit dem Dreschflegel ist immer leichter geworden und geht immer schneller vonstatten. Getreide wird bei uns heute fast ausschließlich mit dem Mähdrescher geerntet, der bereits seit etwa 1950 zum Sinnbild des Getreideanbaus wurde. Der wesentliche Bestandteil unseres Brotes ist das Getreidemehl.
Bei der Mehlherstellung wird das Getreide in verschiedenen Stufen gereinigt, geschält und dann gemahlen. Die verschiedenen Vermahlungsstufen nennt man „Passagen". Jede einzelne Passage umfasst eine Stufe der Getreidezerkleinerung, bei der Getreidebruchstücke unterschiedlicher Größe entstehen. Die verschieden großen Bruchteile werden mit Sieben nach Größe sortiert und wiederum zerkleinert. Dabei löst sich Mehl von den Getreideschalen, wird durch Aussieben gesammelt und später abgefüllt und verpackt.

Begriffserklärung von Mehl und Feinheitsgraden

Mehl: fein gemahlene Körner
Dunst: liegt in der Feinheit zwischen Grieß und Mehl
Grieß: ist gröber als Dunst und Mehl
Schrot: am gröbsten gemahlen
Kleie: Schalen der Körner, Rückstände beim Mahlen des Getreides
Graupen: geschälte und polierte Körner
Keime: Keimling des Korn
Grütze: enthülste Körner, grob bis fein geschnitten
Flocken: flach gewalzte Körner

Was hat es mit den Mehltypen auf sich?

Mehle werden in Deutschland nach ihrem Aschegehalt eingestuft: Beim Verbrennen von Mehl bleibt eine messbare Aschemenge zurück, die aus Mineralstoffen des Mehles besteht. Die Typenzahl gibt an, wie viel Gramm Mineralstoffe annähernd in 100 g wasserfreiem Mehl enthalten sind. Je höher die Type, desto höher der Schalenanteil und der Ausmahlungsgrad des Mehles. Und desto mehr Vitamine, Mineralstoffe und vor allem Ballaststoffe sind im Mehl enthalten.
Eine hohe Typenzahl haben dunkle Mehle mit einem hohen Anteil an Randschichten des Mehlkörpers. So enthält beispielsweise 100 g Ur-Roggenmehl der Type 1150 etwa 1150 mg Mineralstoffe. Durch den hohen Mineralstoffgehalt eignet es sich für ein dunkles, kräftiges Brot. Brauchen Sie dagegen ein Mehl für helles Weißbrot, dann könnten Sie beispielsweise Ur-Dinkelmehl der Type 630 einkaufen. Eine niedrige Typenzahl haben helle Mehle aus dem Kern des Mehlkörpers; in diesem Kern sind nur wenige Mineralstoffe enthalten.
Aus der Typenzahl eines Mehls können Sie also dessen Eignung und den Verwendungszweck ableiten.
Vollkornmehl hat dagegen keine Typen-

Mehltypen sind Ländersache

In Österreich und der Schweiz werden Mehlsorten anders als in Deutschland eingeteilt. Die Klassifizierung erfolgt in Österreich hauptsächlich in glatt, universal, griffig und doppelgriffig. Diese Einteilung spiegelt im Wesentlichen die Korngröße wieder.
In der Schweiz erfolgt die Unterscheidung über den Ausmahlungsgrad beziehungsweise den Mineralstoffgehalt. Übliche Bezeichnungen sind hier: Weißmehl Type 400, Halbweißmehl Type 720, Ruchmehl Type 1100 und Vollkornmehl Type 1900.

zahl (zumindest in Deutschland), da es alle Bestandteile des Korns enthält. Von Vollkornschrot unterscheidet es sich lediglich im Mahlgrad: Mehl wird fein und Schrot mittel oder grob gemahlen.
Ebenso tragen Mahlerzeugnisse aus anderen Getreidearten wie Mais, Gerste, Hafer, Reis und Hirse keine Typenbezeichnung.

Mahlen und Schroten zu Hause

Fertig gekauftes Mehl hat einen langen Weg hinter sich und steht schon seit einiger Zeit in den Regalen, so nehmen Geschmack und Aroma leider etwas ab. Wenn Sie nicht die Möglichkeit haben, in einer Mühle qualitativ gutes und frisches Mehl zu kaufen, können Sie sich Ihr gewünschtes Mehl (aus Getreide, Nüssen, Saaten, Hülsenfrüchten) auch zu Hause selber mahlen, dies bringt viele Vorteile mit sich: Zum einen ist es kostengünstiger (die Investition einer Mühle lohnt sich bei häufigem Backen) und zum anderen – und das ist das entscheidende Argument – ist die Frische unbeschreiblich. Wenn Sie schon einmal für Ihren Kaffee die Kaffeebohnen frisch gemahlen haben, wissen Sie, was ich meine und welche Auswirkungen es auf den Geschmack hat.

Welche Mühle ist die meine?
Im Handel gibt es unzählige Getreidemühlen mit unterschiedlichen Vor- und Nachteilen. Die Auswahl ist groß und oft unübersichtlich. Informieren Sie sich vor dem Kauf und lassen Sie sich beraten, damit Sie für Ihre Bedürfnisse das richtige Model erwerben. Die Unterschiede sind im Wesentlichen der Preis, ob per Hand oder elektrisch gemahlen werden soll, die Art des Mahlwerks (Keramik oder Stahl), die Motorleistung, die Mahlgeschwindigkeit, die Lautstärke sowie die Funktionsbreite.
Überlegen Sie vor dem Kauf, was Sie überwiegend mahlen möchten: Wollen Sie ausschließlich Getreide oder auch Ölsaaten vermahlen? Oder eventuell sogar Flocken selber herstellen? Mais oder Reis sind beispielsweise sehr harte Getreide und erfordern eine leistungsstarke Mühle.
Falls Sie bereits eine Küchenmaschine mit einem Mahlaufsatz zu Hause haben, können Sie natürlich auch diesen verwenden. Hülsenfrüchte, Körner, Ölsaaten oder Nüsse lassen sich auch im Mixer, in der Kaffee- oder Gewürzmühle, auf einer Reibe oder im Mörser zerkleinern.

Fertig gekaufte Urkorn-Backmischungen

Einige Hersteller und Mühlen bieten fertig gemischte Urkorn-Backmischungen zum Kauf an. Sie sind einfach in der

Selbstgemachte Mehlmischung

Handhabung und zeitsparend, da Sie die einzelnen Zutaten nicht mehr abwiegen müssen und die meisten bereits enthalten sind. So brauchen Sie nur noch Wasser und eventuell Hefe dazugeben. Das Rezept bzw. die Anleitung erhalten Sie mit der Backmischung. Diese führt Sie sicher und schnell durch den Zubereitungsprozess.
Kreativität, Individualität sowie Auswahl nach Verträglichkeit und Geschmacksvorliebe sind jedoch stärker eingeschränkt als bei einer selbstgemachten Mehlmischung. Doch ist es möglich, die Backmischungen aufzupeppen, indem Sie statt Wasser beispielsweise Tomatensaft oder Buttermilch verwenden oder Nüsse, Saaten, Körner, Gewürze oder Kräuter zugeben. Falls es mal schnell und einfach gehen soll, greifen Sie zu fertigen Urkorn-Backmischungen einer Mühle oder bestellen Sie diese im Internetshop: So ersparen Sie sich bei gleichbleibender Qualität das genaue Abwiegen der einzelnen Zutaten.

Zutaten für Urkornbrote

Nur beste Zutaten ergeben schmackhafte Brote und sind die Voraussetzung, damit Ihr Brot so gelingt, wie Sie es sich wünschen. Achten Sie daher beim Einkauf auf Qualität und Frische. Ein weiterer Faktor für erfolgreiches Backen: Lernen Sie die Eigenschaften der Zutaten kennen.

Triebmittel

Backwaren werden bei der Herstellung gelockert. Deshalb benötigen Sie für das Brotbacken ein sogenanntes Triebmittel bzw. Lockerungsmittel wie zum Beispiel Hefe, Sauerteig oder Backferment. Die meisten im Handel angebotenen Backtriebmittel sind von Natur aus pflanzlich und glutenfrei.

Hefe

Hefen sind Kleinlebewesen und zählen zu den niederen Pilzen. Sie vergären Zuckerstoffe in Alkohol und Kohlendioxid, letzteres „lüftet“ sozusagen den Teig. Da Hefe lebt, benötigt sie Nahrung, nämlich Zucker, Eiweiße und stickstoffhaltige Mineralstoffe. Brotteig enthält all dies, daher ist er ein geeigneter Nährboden für Hefe. Sie lockert den Teig, lässt ihn aufgehen und verleiht ihm eine elastische Konsistenz. Zudem mag die Hefe es recht warm: Ihre Lebenstemperatur liegt zwischen 0 °C und 55 °C, ab 60 °C sterben die Hefezellen ab.
Ob Sie Trocken- oder Frischhefe verwenden, hat keinen Einfluss auf das Backergebnis im Brotbackautomaten.

Verschiedene Lockerungsmittel

Frischhefe können Sie in Würfeln zu je 42 g kaufen. Frische Hefe erkennt man an ihrer grau-gelblichen Farbe und der feuchten Oberfläche. Angebrochene frische Hefe ist nur einige wenige Tage verwendbar und verliert schnell ihre Triebkraft. Frischhefe muss im Kühlschrank gelagert werden, zum Einfrieren eignet sie sich nur bedingt. Tiefgekühlte Hefe verliert mit zunehmender Lagerdauer ebenfalls an Triebkraft.
Zum Verarbeiten zerbröseln Sie die Frischhefe und lösen diese in lauwarmem Wasser auf, so dass sie sich im Teig gleichmäßig verteilen kann.
Trockenhefe ist eine sehr gute Alternative zu Frischhefe. Ein warmer Luftstrom, der das Wasser schonend aus der frischen Hefe aufnimmt, trocknet die Hefe. Durch ein spezielles Verfahren wird die pulverförmige Trockenhefe in ein rieselfähiges Granulat mit sehr guten Verarbeitungseigenschaften überführt und ist mindestens ein Jahr haltbar. So lässt sich Trockenhefe wunderbar auf Vorrat kaufen. Ein Päckchen Trockenhefe (10 g) entspricht 25 g (etwa einem halben Würfel) Frischhefe. Auch die Handhabung ist etwas einfacher, Sie können die Trockenhefe direkt unter das Mehl mischen.
Ich selbst verwende in den Rezepten überwiegend Trockenhefe, da die Verarbeitung und Dosierung sehr einfach ist. Die lange Haltbarkeit vereinfacht die Vorratshaltung und ermöglicht mir, jederzeit spontan ein Brot zu backen.

Frischhefe muss kühl gelagert werden (Haltbarkeit: ca. 10–12 Tage).

Trockenhefe hält sich ca. 1 Jahr.

Sauerteig

Er ist das älteste Teiglockerungsmittel. Sauerteig ist, anders als sein Name erwarten lässt, kein Teig, sondern – ähnlich wie die Hefe – ein wichtiger Bestandteil und Triebmittel für aromatisches Brot. Für Roggenbrote reicht Hefe alleine nicht aus, daher kommt hier der Sauerteig zum Einsatz. Aber nicht nur Roggenbrote, auch Weizen- und Dinkelbrote profitieren von einem Sauerteig. Er hat die bemerkenswerte Fähigkeit, den Geschmack und die Struktur von Broten zu verändern bzw. zu verbessern. Sauerteig entsteht aus einem Gemisch von Mehl und Wasser, in dem sich spontan Hefen und Milchsäurebakterien vermehren. Die Bakterien produzieren eine natürliche Säure (Milch- und Essigsäuren), die die Konsistenz des Brotes verbessern und auch dem Sauerteigbrot seinen typischen Geschmack

Grundrezept für Sauerteig

Zutaten: 400 g Mehl und 400 ml Wasser
1. Tag: 100 g Mehl mit 100 ml lauwarmem Wasser verrühren und an einem warmen Ort (etwa 25–30 °C) für 24 Stunden stehen lassen.
2. Tag: Anschließend 100 g Mehl und 100 ml lauwarmes Wasser in den Ansatz rühren und erneut bei etwa 25–30 °C für 24 Stunden stehen lassen.
3.–4. Tag: Wieder dieselbe Menge Mehl und Wasser zugeben und stehen lassen.
5. Tag: Jetzt ist der Sauerteig gebrauchsfertig und sollte mild-säuerlich riechen. Falls noch keine erkennbare Säure vorhanden ist, den Sauerteig einen weiteren Tag stehen lassen.

verleihen. Im Handel erhalten Sie allerdings keinen aktiven Sauerteig mit Triebkraft, so dass bei diesen Produkten immer eine Hefezugabe erforderlich sein wird. Sie werden sowohl als Pulver als auch in flüssiger Form angeboten.

Als „Sauerteigersatz" – wenn es nur um das Aroma geht und nicht um eine Triebkraft – können auch Buttermilch und/oder Essig bzw. Zitronensaft dienen. Diese Zutaten verleihen Hefeteigen einen säuerlichen Geschmack. Dabei nutzt man die Tatsache, dass sowohl im Sauerteig als auch in Sauermilchprodukten wie der Buttermilch Milchsäure enthalten ist.

Sauerteig können Sie aber auch ganz einfach selber herstellen. Gerade wenn Sie häufiger Sauerteigbrote backen, ist das billiger und die Brote werden schmackhafter. Je nach Triebstärke des Sauerteigs erübrigt sich die Zugabe von Hefe bzw. verringert sich deutlich. Die Zubereitung ist nicht schwer und wird Ihnen nach einer Weile, wenn Sie etwas Routine haben, ebenso leicht von der Hand gehen wie das Backen mit Hefe. Da der Sauerteigansatz sehr anfällig für Schimmelbildung ist, sollten Sie stets auf eine saubere Arbeitsumgebung achten. Falls sich doch einmal Schimmel statt Bläschen und Säuren bilden, müssen Sie den Ansatz leider im Müll entsorgen.

Teile eines Sauerteiges werden als Anstellgut für neuen Sauerteig verwendet.

Wenn Ihnen der Zeitaufwand zu groß ist, einen aktiven Sauerteig selbst herzustellen, fragen Sie einfach mal in einer Bäckerei oder bei einem backfreudigen Nachbarn oder Bekannten nach, ob er Ihnen etwas von seinem Sauerteig abgibt. Selbst im Internet bieten einige ihr Anstellgut zum Verkauf an, so dass Sie direkt loslegen können.
Für jede Getreideart (Roggen, Dinkel, Emmer etc.) ist eine eigene Zusammensetzung der Milchsäurebakterien und Hefen erforderlich, also des Geschmacks und der Triebkraft. Deshalb ist ein Dinkelsauerteig bei Verwendung von Dinkelmehl besser geeignet als Roggensauerteig. Wenn Sie bereits einen aktiven Roggensauerteig haben, können Sie durch „Füttern" mit einer anderen Getreideart den Sauerteig auf die gewünschte Getreideart „umzüchten". Das hat den Vorteil, dass man sehr schnell einen aktiven und stabilen Sauerteig bekommt.
Wenn Sie jedoch etwas Geduld haben, stellen Sie Ihren eigenen Sauerteig am besten selbst her.

Sauerteig aufbewahren

Damit die ganze Prozedur der Sauerteigherstellung nicht jedes Mal wiederholt werden muss, geben Sie etwas von dem Sauerteig in ein Glas mit Schraubdeckel (Marmeladenglas) und bewahren Sie dieses im Kühlschrank auf. So hält sich der Sauerteig mindestens eine Woche.
Aufbewahrter Sauerteig wird beim Neuansatz als sogenanntes Anstellgut benutzt und kann weiter geführt werden. Um wieder neuen, frischen Sauerteig zu erhalten, benötigen Sie 20 % der zu versäuernden Mehlmenge als Anstellgut. Also beispielsweise 20 g Anstellgut + 100 g Mehl + 100 ml Wasser.

Backferment ist ein spezieller „Sauerteig".

Backferment

Hefe und Sauerteig sind den meisten ein Begriff, anders sieht es mit dem eher unbekannten Backferment aus. Dabei handelt es sich um nichts anderes als einen milden Sauerteig und somit ein biologisches Teiglockerungsmittel. Es kann alleine, also ohne Zusatz von anderen Triebmitteln wie Hefe oder Sauerteig, verwendet werden. Die Wirkung des Ferments beruht auf einem Gäreffekt, der durch die Mischung von Honig mit Wasser entsteht. Personen mit einem empfindlichen Verdauungssystem vertragen mit Backferment hergestellte Backwaren oft besser als mit Hefe oder Sauerteig gebackenes Brot. Backferment kommt als pulverförmiges Granulat, welches als Starterkultur wirkt, in den Handel. Wie beim Sauerteig wird daraus zunächst ein Grundansatz zubereitet, der eine lange Vorbereitungszeit und Teigführung benötigt. Der Ansatz kann aber auch schon fertig gekauft werde. Neben konventionellem, glutenfreiem Backferment mit Honig gibt es auch vegane Varianten. Zur weiteren Verarbeitung beachten Sie bitte die jeweiligen Herstellerangaben. Beziehen können Sie das Backferment in Reformhäusern, Naturkostläden, Lebensmittelgeschäften und im Internet.

Backpulver, Weinsteinbackpulver, Natron

Backpulver besteht in der Regel aus Natron (Natriumhydrogencarbonat) und mindestens einer Säure (z. B. Zitronensäure). Dazu kommen meist noch eine Phosphat- oder Schwefel-Verbindung sowie ein Trennmittel (z. B. Mehl oder Stärke). Natron liefert das Kohlendioxid, die Säuren dienen als Kohlendioxidentwickler und das Trennmittel dient zur Trockenhaltung des Backpulvers während der Lagerung. Die erste Reaktion zwischen Säure und Natron beginnt schon beim Rühren des Teiges, der Haupttrieb findet allerdings erst unter Wärmeeinwirkung beim Backen statt.

Mineralwasser statt Backpulver

Eine spritzige Backzutat: Mit Mineralwasser geht der Teig lockerer auf. Mineralwasser mit Kohlensäure wirkt im Teig wie ein Triebmittel und ist so ein natürlicher Ersatz für Backpulver. Die Kohlensäure setzt einen Gärprozess in Gang, der den Teig aufgehen lässt. Beim Kuchenbacken können Sie das Backpulver evtl. ganz weglassen, wenn Sie Sprudelwasser und Eier in den Teig geben.

Alkohol statt Backpulver

2–3 Esslöffel hochprozentiger Rum oder Cognac haben dieselbe Wirkung wie Backpulver, da sie in Verbindung mit Wasser und Hitze ebenfalls Kohlensäure freisetzen.

Backpulver, ein Triebmittel für Kuchenteige oder schnelle Brote.

Mit Backpulver können Sie schnell und bequem backen: Da die Teige keine Ruhezeit benötigen, können Sie sofort mit dem Backen beginnen. Allerdings fehlen Broten, die mit Backpulver hergestellt werden, meist das typische Brotaroma sowie die lockere Porung. Sie habe eine „kuchenähnliche" Konsistenz.
Weinstein-Backpulver enthält zwar auch Natron, aber natürlichen Weinstein als Säure, die z. B. bei der Sektherstellung anfällt. Zudem wird kein Phosphat zugesetzt. Weinstein reagiert erst beim Backen mit dem Natron.
Weinsteinbackpulver ist eine natürliche Alternative zu herkömmlichem Backpulver. Oft schmecken die Gebäcke mit Weinstein-Backpulver milder und weniger stumpf (oder pelzig) als Gebäck, das mit herkömmlichem Backpulver hergestellt wurde. Für die Konsistenz spielt es jedoch keine Rolle, ob Sie Backpulver oder Weinsteinbackpulver verwenden: Die Teige werden mit beiden Triebmitteln locker.
Natron wird auch Backsoda genannt. Es ist auch ohne die Hilfsstoffe, die sich im Backpulver noch zusätzlich befinden, ein sehr gutes Triebmittel. Natron kann durch Backpulver ersetzt werden. Damit

Backpulver selber herstellen

Backpulver mit Zitronensäure: 150 g Haushaltsnatron, 130 g Zitronensäure, kristallin, je 30 g Kieselerdepulver und Speisestärke mischen. 1–2 Esslöffel reichen für 500 g Mehl.
Backpulver mit Weinstein: 50 g Haushaltsnatron, 40 g Weinsteinsäure, kristallin, je 10 g Speisestärke und Kieselerdepulver mischen. 1–2 Esslöffel reichen für 500 g Mehl.

Natron aktiviert wird und als Triebmittel funktioniert, muss der Teig allerdings genügend Säure enthalten. Es eignen sich hierfür beispielsweise Joghurt, Buttermilch, Essig, Zitronensaft oder andere säurehaltige Zutaten.

Flüssigkeiten

Flüssigkeitsangaben können immer nur ungefähre Werte sein, da die Flüssigkeitsaufnahme je nach Mehlsorte, Getreidequalität, Mahlgrad (sehr fein bis grob) und Quelldauer variiert. Hauptsächlich werden Wasser und Milch verwendet, jedoch eignen sich auch Frucht- und Gemüsesäfte, Buttermilch, Joghurt oder Wein. Besonders kohlensäurehaltiges Mineralwasser eignet sich zum Backen sehr gut. Beim Kuchenbacken kann das Backpulver evtl. ganz wegfallen, wenn Sprudelwasser in den Teig gerührt wird. Die Kohlensäure setzt einen Gärprozess in Gang, der den Teig aufgehen lässt und die Krume lockerer und luftiger macht. Zwar müssen alle Zutaten, die man in den Brotbackautomaten gibt, Zimmertemperatur haben, doch bei Flüssigkeiten ist dies besonders wichtig. Erwärmen Sie die Flüssigkeit bei Broten mit Hefe, Sauerteig oder Backferment immer lauwarm, da die Triebkraft dann am besten arbeitet.

Milch

Milchhaltige Gebäcke haben im Vergleich zu wasserhaltigen Gebäcken ein größeres Volumen und aufgrund des Milchzuckers eine kräftig gebräunte Kruste. Die Krume ist wattig-zart und feinporiger, die Gebäcke schmecken deutlich besser und bleiben länger frisch. Welche Milchsorte, ob Kuh-, Ziegen oder Schafmilch, Sie für Ihr Brot verwenden, hat keine backtechnischen Vor- oder Nachteile. Wählen Sie also einfach nach Ihrem persönlichen Geschmack und Ihren Vorlieben aus.

Milchprodukte
Zu den Milchprodukten zählen unter anderem Sauermilch, Joghurt, Kefir, Sahne, Buttermilch und Käse. All diese können Sie zum Verfeinern Ihres Brotes verwenden.

Mit Milch ist Kuhmilch gemeint. Milchalternativen gibt es inzwischen viele.

Zöliakie/Glutenunverträglichkeit und Laktoseintoleranz

Die Entzündung des Dünndarms bei Zöliakie kann eine Ursache für die sogenannte *sekundäre Laktoseintoleranz* sein. Der Körper kann den Milchzucker (Laktose) nicht mehr ausreichend verdauen, da das Enzym Laktase die Laktose nicht mehr ausreichend aufspalten kann. Daher müssen Betroffene auf alle Produkte, die Milchzucker (Laktose) enthalten, verzichten.
Mittlerweile ist aber die Auswahl an laktosefreien Produkten sehr groß und für Menschen mit Laktoseintoleranz geeignet: Bei diesen Produkten wurde die Laktose bereits in ihre Bestandteile Galaktose und Glukose gespalten.

Fett

Brot erhält durch Fett einen höheren Genusswert, eine längere Frischhaltung und einen höheren Nährwert. Außerdem verbessert Fett die backtechnischen Eigenschaften: Es macht den Teig weicher und verbessert das Brotvolumen sowie die Krumenbeschaffenheit. Butter ist als Teigzutat ebenso gut geeignet wie Backmargarine oder Speiseöle. Fette können flüssig (Öle), weich (Margarine) oder fest (Rindertalg) sein. Die Fette unterscheiden sich im Geschmack, doch hat es auf das Backergebnis im Brotbackautomaten keinen Einfluss, ob Sie Butter, Margarine oder Speiseöl verwenden. Sie können durchaus Butter durch Speiseöle oder Margarine ersetzen oder umgekehrt.
Butter ist eine Wasser-in-Milchfett-Emulsion. Sie enthält neben dem Milchfett (82 %) vor allem Wasser (16 %), Milchzucker und Milcheiweiß.
Margarine ist eine Wasser-in-Öl-Emulsion und die Zusammensetzung ähnelt der von Butter (80 % Fett, 20 % Wasser), daher wird sie auch häufig als „Butterersatz“ verwendet. Obwohl die Fette sowohl pflanzlichen als auch tierischen Ursprungs sein dürfen, werden größtenteils pflanzliche Fette verwendet, z. B. Sonnenblumenöl, Palmöl oder Rapsöl.
Pflanzliche Speiseöle sind reich an ungesättigten Fettsäuren. Zu den bekanntesten zählen Oliven-, Raps-, Sonnenblumen-, Sesam-, Erdnuss, Distel- oder Walnussöl. Hochwertige Öle zeichnen sich durch einen feinen, sortentypischen Geschmack aus.

Fette gehören zu den Grundnährstoffen des Menschen.

Eier

Keine andere Backzutat hat so vielseitige Wirkungen wie Eier. Sie verbessern nicht nur die Beschaffenheit von Teigen und deren Genusswert, sondern sorgen für eine bessere Bindung der Zutaten und vergrößern das Volumen. Zudem machen sie die Krume feinporiger, dienen zur Krustenbräunung und verbessern die Frischhaltung von Gebäcken.

Eier, ob weiß oder braun, unterliegen einer Kennzeichnung: dem sogenannten Eiercode.

So entziffern Sie den Eier-Code

Alle Eier müssen mit einem Code versehen sein, der Ihnen Aufschluss über die Art der Hühnerhaltung, über das Herkunftsland des Eis und über den Betrieb, aus dem das Ei stammt, gibt.
Beispiel: Der Eier-Code 0–DE–12–4567 bedeutet folgendes: Die Ziffer der ersten Stelle gibt die Art der Hühnerhaltung an: 0 = Bio-Freiland-Haltung, 1 = Freilandhaltung, 2 = Bodenhaltung und 3 = Käfighaltung.
Die Ziffer an zweiter Stelle steht für das Herkunftsland (DE = Deutschland, AT = Österreich), die dritte Stelle für das Bundesland (12 = Brandenburg) und die vierte Stelle bezeichnet den Betrieb und Stall. So wäre dieses Ei aus Bio-Freiland-Haltung, aus einem Betrieb in Brandenburg (Deutschland).
Eine persönliche Bitte: Verwenden Sie nur Eier aus Bio- oder Freilandhaltung (Ziffer 0 und 1) und keinesfalls solche aus Käfighaltung (Ziffer 3)!

Ein Ei besteht zu 64 % aus Eiklar und zu 36 % aus Eidotter. Das Eiweiß gibt dem Teig noch mehr Festigkeit. Wenn Sie Eischnee aufschlagen und diesen zum Schluss unter den Kuchenteig heben, bleiben die Luftbläschen erhalten und vergrößern sich beim Backen, so dass eine lockere Krume entsteht.
Woher Ihr Ei kommt, welches Gewicht und welche Güteklasse es hat, können Sie anhand des Stempels auf dem Ei (siehe Kasten) und an der Verpackungsaufschrift erkennen.
Eier werden in der Europäischen Union in den vier Gewichtsklassen S (unter 53 g), M (53 g bis unter 63 g), L (63 g bis unter 73 g) und XL (73 g und mehr) angeboten. In der Regel wird in Rezepten von Eiern der Gewichtsklasse M ausgegangen.
Seit 2004 muss in der EU auf allen Eierverpackung die Haltungsform angegeben sein: „Eier aus Freilandhaltung“, „Eier aus Bodenhaltung“ oder „Eier aus Käfighaltung“.

Frische

Ob ein Ei noch frisch ist, können Sie mit folgenden Tests überprüfen:
Aufschlag-Test: Schlagen Sie das Ei auf: Wenn das Eigelb nach oben gewölbt

und das Eiweiß dickflüssig ist, handelt es sich um ein frisches Ei. Wenn das Eigelb und das Eiweiß verlaufen, ist es zwar nicht mehr ganz frisch, aber noch essbar. Garen Sie es aber zur Sicherheit durch. Und wenn das Ei schlecht riecht, werfen Sie es bitte weg.

Wasser-Test: Legen Sie das Ei mit Schale in ein Glas mit kaltem Wasser. Wenn das Ei am Boden liegen bleibt, ist es frisch. Stellt es sich leicht schräg, ist es älter, aber noch genießbar. Schwimmt es aber an die Oberfläche, lassen Sie besser die Finger davon.

Zucker und Honig – jedes Süßungsmittel hat einen typischen Geschmack.

Zucker

Es gibt verschiedene Möglichkeiten, sich das Leben – in welcher Form auch immer – zu versüßen. Zucker dient im Brotteig nicht nur für den süßen Geschmack, sondern hat auch backtechnologische Vorteile. Er ist eine wichtige Nährstoffquelle für die Hefebakterien und somit verantwortlich, dass der Brotteig schön aufgeht. Außerdem verstärkt er die Krustenbräunung. Für das Brotbacken verwendet man meist weißen (raffinierten) Zucker oder Malz. Brauner Zucker stammt ebenso wie weißer aus Zuckerrüben. Er ist dunkler, weil er nicht so stark raffiniert wurde. Beliebt ist er vor allem aufgrund seines malzigen Geschmacks.

Vollrohrzucker ist der pure, getrocknete Saft des Zuckerrohrs und enthält noch dessen gesamte Vitamine, Mineralstoffe und Spurenelemente. Er hat eine goldbraune Farbe und schmeckt leicht nach Karamell.

Zucker ersetzen

Sie können Zucker nach Belieben und Verträglichkeit auch durch Muscovado, Honig, Ahornsirup, Reissirup, Traubenzucker, Zuckerrübensirup oder Zuckeraustauschstoffe (z. B. Xylit) ersetzen. Beachten Sie hierbei jedoch die unterschiedliche Süßkraft der einzelnen Produkte und lesen Sie die Herstellerangaben.

Trockenobst, Nüsse, Körner & Samen

Einige Rezepte beinhalten die Zugabe von Trockenobst, Nüssen, Körnern, Ölsaaten oder auch Kräutern. Damit diese Zutaten nicht durch den Rühreinsatz des Brotbackautomaten zerschlagen werden und sich dennoch gleichmäßig im Teig verteilen können, werden sie erst beim letzten Knetgang, kurz vor Schluss, dem Teig zugefügt. Der Knetvorgang wird dafür für einen Moment unterbrochen – lesen Sie hierfür die Gebrauchsanweisung Ihres Brotbackautomaten. Abhängig von der Brotgröße sollten Sie nicht mehr als 50 bis 100 g der jeweiligen Zutat hinzugeben, da der Brotteig sonst seine Stabilität und Form verliert.

Trockenobst wurde früher überwiegend im Winter verspeist. Denn ursprünglich war das Trocknen von Früchten die einzige Möglichkeit, frisches Obst zu konservieren und sich einen Vorrat auf längere Zeit zu sichern. Somit ist es eine der ältesten Konservierungsarten der Menschen.

Getrocknete Äpfel, Aprikosen und Zwetschgen sollten Sie einen Tag vor der Verarbeitung in kühlem bis lauwarmem Wasser quellen lassen, damit sie Wasser aufnehmen und dem Teig keine Flüssigkeit entziehen.

Rosinen, Datteln und Feigen können auch ohne Einweichen direkt verarbeitet werden. Spülen Sie sie jedoch vorher mit kaltem Wasser, um evtl. Schwefel oder Verunreinigungen abzuspülen. Größere Früchte zerkleinern Sie am besten, damit sie sich gleichmäßig im Teig verteilen und sich das gebackene Brot später auch leichter schneiden lässt.

Nüsse zählen zum Schalenobst. Darunter versteht man Früchte, deren Kern von einer harten, ungenießbaren Schale umschlossen ist. Dazu gehören unter anderem Wal-, Hasel- und Erdnüsse,

Trocknen bzw. Dörren frischer Früchte ist eine der ältesten Konservierungsarten.

Maronen, Mandeln oder Pistazien. Die Fruchtkerne von Schalenobst werden im Handel im Ganzen oder halbiert, gehobelt, gestiftet, gehackt, gerieben oder gemahlen verkauft.

Getreidekörner können Sie als ganzes Korn verwenden, jedoch sollten Sie diese – wie Trockenfrüchte – einen Tag vor der Verarbeitung in lauwarmem Wasser quellen oder in einem Keimgefäß keimen lassen.

Ölsaaten wie Leinsamen, Sonnenblumenkerne oder Sesam sind ebenfalls schmackhafte Backzutaten. Die Brote bekommen durch den zusätzlichen Fettgehalt der Ölsaaten einen höheren

Rosinen und Sultaninen

Rosinen sind sehr zuckerreiche, getrocknete Weintrauben. Die Trocknung erfolgt überwiegend am Weinstock. Für Backwaren werden meist Sultaninen verwendet, diese sind grundsätzlich kernlos, aromatisch und sehr süß. Waschen Sie die Rosinen vor der Verarbeitung mit kaltem Wasser ab und lassen Sie sie anschließend gründlich abtropfen.

Alle Körner, Kerne und Samen können Sie beim Backen nach Ihren Vorlieben austauschen.

Nährwert, die backtechnischen Eigenschaften ändern sich jedoch nicht.
Sesam sind ungeschälte oder geschälte Samenkörner des Sesamkrautes. Sesam können Sie für einen intensiveren Geschmack vor der Verarbeitung in einer Pfanne ohne Fett kurz anrösten.
Sonnenblumenkerne können Sie wie Sesamsamen entweder ungeröstet oder geröstet zum Teig geben.
Leinsamen sollten vor der Verwendung eingeweicht werden. Aufgrund ihres enormen Quellvermögens empfehle ich Ihnen, diese Samen in etwa der doppelten Gewichtsmenge Wasser einzuweichen. Wenn Sie heißes Wasser (100 °C) verwenden, reicht eine Quellzeit von 2 bis 4 Stunden. In kaltem Wasser lassen Sie die Samen über Nacht ausquellen. Je nach verwendeter Leinsamenmenge und Brotgröße müssen Sie das aufgenommene Wasser vom Grundrezept abziehen. Um den typischen Geschmack noch mehr zu betonen, können Sie etwa ein Viertel der Leinsamen in geschroteter Form hinzugeben.

Sprossen

Nichts geht leichter, als aus Samen selbst Sprossen (auch Keimlinge genannt) zu ziehen. Roggen, Gerste, Hafer, Dinkel, Hirse eignen sich sehr gut zum Keimen, ob in einem Keimgerät oder Keimglas. Die Samen werden in einem Sieb unter fließendem Wasser abgespült. Je nach Getreideart werden sie einige Stunden oder über Nacht in Wasser eingeweicht. Die aufgequollenen Körner lässt man dann in einem Keimgefäß entweder im Dunkeln oder an einem hellen Ort keimen, dabei werden sie zweimal täglich gespült. Nach einigen Tagen können Sie die Keime verwenden. Die sich dabei bildenden Wurzeln sind zwar genießbar, ich entferne sie aber, da die Keimlinge ohne sie besser schmecken. Genaue Hinweise zur Einweichzeit, Keimdauer und wie häufig gespült werden soll, finden sich auf der Verpackung der Samen.
Aber nicht nur Getreidekeime, auch „Mini-Gemüse“ wie Sprossen aus Brokkoli-, Erbsen-, Rettich-, oder Senfsamen verleihen dem Brotbelag oder dem Brotteig einen Hauch von Würze und besonderes Aroma.
Vor dem Verzehr oder der weiteren Verarbeitung sollten Sie die Sprossen unter

Selbstgezogene Sprossen sind eine sehr leckere Zutat für den Teig und als Brotbelag.

Tipps zum Sprossen ziehen

- Samen gründlich waschen und je nach Sorte (nicht bei allen Sorten erforderlich) bis zu zwölf Stunden in lauwarmem Wasser einweichen.
- Samen oder eingeweichte Samen in einem Küchensieb unter fließendem Wasser abspülen und gleichmäßig im Keimgefäß oder -gerät verteilen. Es darf kein überschüssiges Wasser im Keimgerät verbleiben. Die Keime sollen feucht gehalten werden, aber nicht im Wasser liegen.
- Direkte Sonneneinstrahlung auf die Sprossen vermeiden, Temperaturen zwischen 18 und 22 °C sind optimal.
- Manche Sorten keimen lieber im Dunkeln, beispielsweise Erbsen, Linsen und Mais, andere bevorzugen Licht, beispielsweise Roggen, Hirse und Buchweizen. Beachten Sie die Hinweise auf der Verpackung der Samen.
- Zweimal täglich die Sprossen unter klarem, fließendem Wasser abspülen.
- Sprossen sind leicht verderblich, eine saubere und penible Pflege sind absolute Pflicht, ebenso der rasche Verzehr nach dem Ernten.
- Radischen- oder Rettichsamen, zwischen andere Samen gestreut, können durch ihre antibakteriellen Wirkstoffe eine Schimmelbildung verhindern.

fließendem Wasser gut abspülen. Verschlossen in einem Gefäß halten sie sich ein bis zwei Tage im Kühlschrank.

Gewürze und Kräuter

Beliebte Gewürze für ein Brot sind beispielsweise Koriander, Kümmel, Anis und Fenchel. Diese gibt es bereits gemischt, gemahlen und zusammen abgepackt als „Brotgewürz" im Handel zu kaufen. Ich empfehle Ihnen für eine bessere Qualität aber, Gewürze einzeln und unzerkleinert zu kaufen, denn frisch zerkleinert, gemahlen oder zerdrückt setzen die Samen und Körner ihre ätherischen Öle frei und entfalten erst so ihr volles Aroma. Zum Zerkleinern der Gewürze eignen sich kleine Gewürzmühlen oder Porzellanmörser. Gewürze sollten Sie in dunklen und luftdicht geschlossenen Behältern aufbewahren, da sich die Geruchs- und Geschmacksstoffe sonst verflüchtigen. Kaufen Sie Gewürze deshalb auch nur in kleinen Mengen, da das Aroma bei längerer Lagerung verfliegt. Als Maß können Sie ca. 1 Teelöffel Gewürze auf 500 g Mehl verwenden, wobei eigentlich Teelöffel, Gramm oder Messerspitze nur eine Richtschnur sein sollten – vertrauen Sie Ihrem Geschmack, Ihrer Fantasie, Ihrer Erfahrung und Ihrem Gespür.

Ur-Brote mit Brüh-, Koch- und Quellstücken

Je kürzer die Teigherstellung dauert, umso kürzer ist die Haltbarkeit des Brotes. Die Zugabe von mit Wasser gequellten Mehlen, Körnern, Samen oder Schrot verleihen dem Brot bessere Eigenschaften:

- Es wird saftiger.
- Es erhält eine bessere Textur.
- Es wird schnittfester.
- Es bekommt einen intensiveren Geschmack, ein volles Aroma.
- Es wird länger haltbar gemacht.

Brühstück, Quellstück, Kochstück

Auf den ersten Blick erscheint die Herstellung für ein Brüh-, Quell- oder Kochstück etwas aufwendig, doch der Mehraufwand lohnt sich allemal, wenn Sie die Haltbarkeit verlängern wollen und ein intensives, volles Aroma bevorzugen.

Brühstück

Ein Brühstück dient der Verquellung von Samen, Körnern, Mehlen, Schroten oder auch Restbrot. *Zubereitung:* Mehle, Körner oder Ölsamen werden im Verhältnis 1:1 bis 1:3 mit heißem, kochendem Wasser übergossen und mit einem Kochlöffel oder dem Programm „Teig“ im Automaten gut verrührt, bis ein fester „Kloßteig“ entsteht. Anschließend muss er mindestens 30 Minuten bis 12 Stunden stehen, damit der „Getreidebrei“ gut durchquellen bzw. verkleistern kann. Sie können das fertige Brühstück bis zu 3 Tage im Kühlschrank aufbewahren. Decken Sie den Teig mit Folie während dieser Zeit gut ab.

Kochstück

Wie der Name schon verrät, werden hierfür Getreidekörner, z. B. Reis, Quinoa, Buchweizen, Hirse, oder Mehl mit der 3-fachen Menge Wasser gekocht. Der Anteil des Kochstücks an den Rezeptzutaten liegt bei ca. 10–15 % der Teigmenge.

Zubereitung: Die Getreidekörner werden in einem Sieb kalt abgespült und gründlich gewaschen. Anschießend in einem Topf mit Wasser für 20 Minuten kochen und abgedeckt bei ausgeschalteter Herdplatte 10 Minuten nachquellen lassen. Bei Verwendung von Mehl kochen Sie eine Art „Pudding“. Gut abkühlen lassen, dann direkt in den Teig geben oder im Kühlschrank bis zur Verwendung lagern und vor Gebrauch auf Zimmertemperatur bringen.

Quellstück

Beim Quellstück ist das Ziel, über 2 bis 24 Stunden die Zutaten ausquellen zu lassen. Eine Salzzugabe verhindert eine Fremdgärung, so dass Sie die gewünschte Salzmenge auch direkt in das Quellstück geben können.
Zubereitung: Samen, Getreidekörner oder Schrot werden in kaltem Wasser zum Vorquellen angesetzt. Das Verhältnis Schüttflüssigkeit (Wasser) zu Rohstoff beträgt meist 1:2 oder 1:3.

Tauschbörse

Die Erwartungen an unsere Nahrung sind heute um ein Vielfaches höher als bei unseren Urvorfahren. Essen soll uns nicht nur satt machen, es soll gesund sein, gut riechen, toll aussehen, schmecken, lange haltbar, schnell zuzubereiten und bezahlbar sein. Das war in der Vergangenheit selbstverständlich anders, denn das Angebot war wesentlich eingeschränkter. Ab dem späten 18. Jahrhundert stiegen die Bevölkerungszahlen zur Zeit der Industrialisierung sprunghaft an. Dadurch wurden die Ressourcen knapp, Hunger breitete sich aus. Der Anbau robuster Getreidearten wurde vorangetrieben – neue technologische Entwicklungen veränderten die Herstellung von Lebensmitteln im 19. Jahrhundert. Die erste Hälfte des 20. Jahrhunderts wurde geprägt von den beiden Weltkriegen, von Lebensmittelmangel und Hungersnöten.

Pflanzliche Drinks selber herstellen

Reis-, Mandel- und Sojadrink sowie andere Getreide- und Nussdrinkvarianten können Sie ganz leicht selber herstellen: Getreide bzw. Nüsse im Verhältnis 1:6 mit Wasser mischen und über Nacht quellen lassen oder kurz aufkochen. Anschließend fein pürieren, durch ein Tuch sieben, die Flüssigkeit in sterile Gläser oder Flaschen abfüllen und kalt stellen.
Noch schneller geht es mit fertigem Nussmus, das man mit Wasser im Mixer aufmixt (ca. 3 EL Mus auf 500 ml Wasser).

Jeder is(s)t anders

Heute sind es bei uns nicht der Mangel an Nahrung, sondern der Überfluss und die Art der Nahrung, die viele Zivilisationskrankheiten auslösen. Wenn uns auch die Vielfalt der Produkte viel Freude und Genuss beschert, so müssen wir aber auch lernen, mit dieser Fülle umzugehen. Ratschläge und Empfehlungen gibt es viele, aber letztendlich entscheidet jeder für sich selber was er is(s)t. Bei einem selbst gebackenen Brot können Sie die Zutaten selbst bestimmen und somit selbst entscheiden, was drin ist.
Zutaten, die eine allergische Reaktion auslösen, können meist durch andere, nicht allergene Zutaten ausgetauscht werden.
Hier finden Sie praktische Tipps, welche Zutaten Sie wodurch ersetzen können. Dadurch können Sie die Rezepte dieses Buches an Ihren Geschmack und Ihre Bedürfnisse anpassen.

Eier ersetzen

Folgende Zutaten ersetzen jeweils 1 Ei:

- 1 EL gemahlene Leinsamen mit 3 EL Mineralwasser vermischt und ausgequollen
- 1 EL gemahlene Chiasamen mit 3 EL Mineralwasser vermischt und ausgequollen
- 1 EL Sojamehl mit 2 EL Mineralwasser vermischt
- 2 EL Maisstärke mit 3 EL Mineralwasser vermischt
- 3 EL Pfeilwurzelstärke mit 1 EL Mineralwasser vermischt
- 3 EL Apfelmus oder eine halbe Banane, zerdrückt
- Ei-Ersatzpulver gibt es zu kaufen. Das fertige Bindemittel besteht hauptsächlich aus Maisstärke und Lupinenmehl und wird mit Wasser gemischt, hierbei die Herstellerangaben berücksichtigen.

Milch ersetzen

Milch lässt sich mittlerweile relativ problemlos ersetzen, sowohl für Laktoseintoleranz als auch für die vegane Ernährung gibt es geeignete Produkte:

- Laktosefreie Milch und Milchprodukte (nicht vegan)
- Pflanzliche Alternativen wie Sojadrink, Reisdrink, Mandeldrink, Kokosdrink, Sojajoghurt oder Sojaquark

Butter ersetzen

Verwenden Sie:

- Quark oder Frischkäse
- Joghurt und Grieß
- Pflanzenöle
- Margarine

Zucker ersetzen

Verwenden Sie eines der folgenden Produkte, berücksichtigen Sie dabei die unterschiedliche Süßkraft:

- Honig, Ahornsirup oder Dicksäfte
- Reissirup oder Kokosblütenzucker
- Stevia, Xylit oder Traubenzucker
- Trockenfrüchte wie Datteln, Feigen oder Rosinen, je nach Rezept püriert oder klein geschnitten, als natürliches Süßungsmittel

Nüsse ersetzen

Verwenden Sie:

- Mandeln oder andere Nussarten, Erdmandeln (Tigernuss)
- Aprikosenkerne
- Kokosraspeln
- Kürbiskerne, Sonnenblumenkerne oder Sesam, geröstet; Quinoa oder Amaranth, gepufft
- Haferflocken, in etwas Butter geröstet

Rosinen ersetzen

Verwenden Sie:

- Getrocknete Cranberries oder Kirschen
- Klein geschnittene Aprikosen, Pflaumen, Datteln, Feigen

Hefe ersetzen

Verwenden Sie:

- Backpulver, Natron oder Weinsteinbackpulver
- Backferment
- Sauerteig

Tipps & Tricks

Es gibt viele Ursachen, warum ein Brot manchmal nicht so gelungen ist, wie Sie es sich vorgestellt haben. Seien Sie geduldig bei der Fehlersuche und lassen Sie sich nicht entmutigen – oft sind es Kleinigkeiten, die Sie durch Kenntnisse Ihres Brotbackautomaten, der Zutaten und durch praktische Übung beheben lassen. Die Tipps im nächsten Abschnitt helfen Ihnen, gute Urkorn-Brote zu backen.
Ihr Anspruch sollte aber nicht sein, das schönste Brot der Welt zu backen. Auch wenn es etwas eingefallen ist, es ist der individuelle Charakter, der selbstgebackenes Brot ausmacht. Es kann dennoch herrlich im Geschmack sein. Brot oder Gebäck müssen nicht perfekt aussehen, sie müssen Ihnen schmecken!

So klappt es mit dem Backen

Bei der Zubereitung

> Wenn Sie zum ersten Mal mit einem Brotbackautomaten backen, verwenden Sie ein Rezept aus Ihrer Gebrauchsanweisung oder eine Backmischung aus dem Handel. So können Sie sich mit der Bedienung des Gerätes vertraut machen und sicher sein, dass Ihr Brot auch gelingt. Bei Eigenkreationen oder Rezepten, wie hier aus diesem Buch, gelingt es nicht immer auf Anhieb, da verschiedene Brotbackautomaten kleine Abweichungen haben oder andere Faktoren wie zum Beispiel der Mahlgrad des Mehles etc. eine Rolle spielen können.

> Alle Zutaten, die Sie in den Brotbackautomaten einfüllen, sollten, falls nicht anders im Rezept angegeben ist, Zimmertemperatur (18–22 °C) haben. Bei Broten, die mit Sauerteig, Hefe oder Backferment hergestellt werden, sollte außerdem die Flüssigkeit etwas angewärmt werden, damit die ideale Teigtemperatur von ca. 25 °C erreicht wird.

> Mischen Sie die trockenen Zutaten gut, bevor Sie sie in den Brotbackautomaten geben. Dadurch gehen Sie sicher, dass sich gerade bei kurzen Programmen alles gründlich vermengt.

> Überprüfen Sie die Teigkonsistenz nach dem ersten Kneten. Der Teig sollte im Normalfall klebrig und weich, aber nicht zu flüssig sein. Falls der Teig noch zu feucht ist, geben Sie esslöffelweise noch etwas Mehl hinzu. Ist der Teig zu trocken, fügen Sie esslöffelweise noch etwas Flüssigkeit hinzu.

> Nehmen Sie nach dem ersten Knetvorgang einen Teigschaber und kratzen Sie das Restmehl in den Ecken der Backform zusammen. So hat Ihr Brot am Schluss keine Mehlränder und Sie sorgen dafür, dass alles gut verrührt wird.

> Nehmen Sie den Knethaken nach dem letzten Knetgang heraus (am besten die Hände dazu etwas einmehlen), so erhält Ihr Brot (fast) kein Loch.

Geschmack von Broten aus dem Brotbackautomaten

Brote aus dem Brotbackautomaten schmecken immer etwas anders als solche aus dem Backofen. Das liegt an der unterschiedlichen Feuchtigkeit: Im Backofen wird das Brot wesentlich trockener ausgebacken, im Brotbackautomaten ist das Brot feuchter. Was gerade bei den schnellen, einfachen Broten aber ein Vorteil ist.

Lassen Sie das fertige Brot auf einem Gitter abkühlen.

Nach dem Backen

> Sollten Sie den Knethaken nicht nach dem letzten Knetgang entfernt haben, drehen Sie den Brotbehälter um und drehen Sie ein paar Mal an der Antriebswelle, so fällt der Knethaken leichter heraus

> Sollte Ihr Brot zu hell sein, können Sie es mit dem Programm „Backen“ sofort nachbacken. Wenn Sie die Oberfläche generell etwas dunkler haben möchten, bestreichen Sie die Teigoberfläche nach dem letzten Kneten mit einer Mischung aus 1 verquirlten Eigelb und Sahne, flüssiger Butter oder Margarine, Kondensmilch oder Milch. Sie können auch Leinsaat oder Sonnenblumenkerne auf die Teigoberfläche streuen, das lenkt von der fehlenden Kruste ab.

> Nehmen Sie das Brot nach dem Backen aus der Form und lassen Sie es auf einem Gitter ganz abkühlen, bevor Sie es anschneiden.

> Lassen Sie den Deckel des Brotbackautomaten nicht zu lange geöffnet, dadurch leiert das Scharnier aus und der Deckel lässt sich nicht mehr richtig schließen.

> Um ein zufriedenstellendes Ergebnis zu erhalten, empfehle ich Ihnen, über die von Ihnen verwendeten Zutaten und Rezepte eine Notiz festzuhalten: Notieren Sie sich beispielsweise: „weniger Wasser verwenden (nur 350 ml) – mit Emmermehl anstatt Einkornmehl schmeckt es besser – es war mir persönlich zu hell gebacken“. So können Sie Ihre individuellen Wünsche beim nächsten Backen berücksichtigen. Und sollte dann mal ein Rezept

Was Sie beachten sollten

- Die Zutaten sollten immer frisch und qualitativ hochwertig sein, denn dies ist einer der wichtigsten Faktoren für den Erfolg des Brotbackens.
- Sie können mit etwas Erfahrung die Mehlsorten in den Rezepten austauschen und Ihren Favorit verwenden.
- Alle verwendeten Zutaten sollten Zimmertemperatur (ca. 18–23 °C) haben. Wenn Sie jedoch mit dem „Timer“ arbeiten, können Sie die Zutaten direkt aus dem Kühlschrank in den Backautomaten geben, denn bis Backbeginn nehmen die Zutaten Zimmertemperatur an. Bedenken Sie jedoch, dass leicht verderbliche Zutaten wie Eier, Milch oder Käse erst kurz vor Beginn des Backvorgangs zugegeben werden können.
- Achten Sie bei den Zutaten auch auf das Mindesthaltbarkeitsdatum, abgelaufene Zutaten erzielen nicht das gewünschte Ergebnis.

nicht auf Anhieb gelingen, können Sie anhand Ihrer Aufzeichnungen nachschauen, wo der Fehler liegen könnte.

Haltbarkeit und Lagerung von Broten

- Brot altert, da es rasch Wasser verliert und somit trocken wird. Bei der Brotalterung spielt jedoch nicht nur die Wasserverdunstung eine Rolle, sondern auch viele verschiedene biochemische und physikalische Vorgänge. Altbackenes Brot zeichnet sich zuerst durch eine weiche Kruste aus und wird mit der Zeit härter. Außerdem nehmen Brotgeruch und Geschmack ab.

Verlängerung der Haltbarkeit

- Dem schnellen Altern von Brot können Sie bereits bei der Teigbereitung vorbeugen. So hat die Wahl der Mehlsorten und des Mahlgrades einen wesentlichen Einfluss auf die Haltbarkeit des Brotes. Dunklere Mehle, Schrote, Kochstücke oder Brühstücke verbessern die Verquellungsfähigkeit im Teig. Damit sorgen sie für bessere Stärkeverkleisterung und bewirken gleichzeitig eine längere Frischhaltung. Sie können auch durch Zusätze wie Essig, Sauermilch, Fette, Bindemittel (Leinsamen, Chiasamen, Flohsamenschalen), gekochte zerdrückte Kartoffeln, geraspelte Zucchini oder Karotten, Brühstücke oder Restbrot die Stärkeverkleisterung verbessern. Denn gut verkleisterte Stärke hält die Brotkrume länger feucht.
- Die Zugabe von Restbrot, also übrig gebliebenem Brot, zu Ihrem Teig verbessert nicht nur die Haltbarkeit, sondern gibt dem Brot zusätzlich ein intensiveres Aroma. Zugeben sollten

Definition Haltbarkeit

Die Haltbarkeit ist die Zeitspanne, in der die Backwaren bei angemessenen Aufbewahrungsbedingungen ihre spezifischen Eigenschaften behalten. Sie lässt sich durch die Rezeptur des Brotteigs und durch optimale Lagerbedingungen verlängern.

Sie aber nur einwandfreies, getrocknetes, Restbrot (die Sorte ist egal): Mahlen Sie es zuerst mit einer Mühle oder mit einem Rollholz und lassen Sie es dann 2–5 Stunden in warmem Wasser einweichen. Bis zu 5 % der Gesamtmehlmenge kann aus Restbrot bestehen.

Die richtige Lagerung von Brot

> Die Art und Weise, wie Sie Brot lagern, hat ebenfalls einen Einfluss auf seine Haltbarkeit. Brot sollte an einem kühlen und sauberen Ort aufbewahrt werden. Da es schnell fremde Gerüche annimmt, lagern Sie es separat. Hierzu haben sich Brotbehälter aus Keramik oder Holz bewährt, in die das Brot in Leinen- oder Papiertaschen gelegt wird. Achten Sie darauf, dass das Brot noch „atmen" kann und Sie es nicht von der Luftzirkulation abschließen. So sind Plastiktüten und -gefäße nicht für die Brotlagerung geeignet, bzw. nur kurzfristig, da sie das Brot schnell schimmeln lassen.

> Schneiden Sie vom Brot nur so viele Scheiben, wie Sie essen können: Angeschnittenes Brot verdirbt und schimmelt schneller, da Luft und Schimmelkeime leichter zwischen die Brotscheiben gelangen können. Angeschnittenes Brot stellen Sie am besten auf die Schnittfläche, um das Austrocknen zu verhindern. Falls Sie Ihr Brot nicht innerhalb weniger Tage verbrauchen, schneiden Sie es nach dem Abkühlen in Scheiben und frieren Sie es portionsweise ein. So haben Sie auch immer leckeres, selbstgemachtes Brot auf Vorrat.

Brot hält sich in Brotkästen länger frisch.

Tipp Backen Sie nur so viel Brot, wie Sie in kurzer Zeit essen können, denn frisch schmeckt es am besten. Gerade dank der einfachen Herstellung im Brotbackautomaten können Sie schnell und unkompliziert frisches Brot zubereiten.

> Brotschimmel ist – anders als bei einigen Käsespezialitäten – ungenießbar. Wenn Sie auf dem Brot weiße, gelbe, blaue oder grüne Schimmelrasen sehen, ist das Brot verdorben. Schimmelpilze wachsen in schlauchförmigen Pilzfäden in das Brot hinein. Sie verzweigen sich dort und bilden ein für das bloße Auge unsichtbares Pilzgeflecht (Myzel). Daher ist es ratsam, das ganze Brot wegzuwerfen. Um Schimmelbildung vorzubeugen, reinigen Sie Ihren Brotbehälter regelmäßig mit Essig – völlig lebensmittelfreundlich und ganz ohne Haushaltschemie.

Einfrieren

> Überschüssiges Brot frieren Sie am besten ein und bewahren es so über einen längeren Zeitraum auf. Es hält sich ein bis drei Monate im Tiefkühlgerät.

Tipp Altes, hartes, trockenes, einwandfreies Brot können Sie nicht nur als Zusatz für den nächsten Brotteig, sondern auch für Suppen, Aufläufe oder Knödel verwenden und zu angerösteten Brotwürfeln (Croûtons) für Salate oder zu Paniermehl verarbeiten.

> Vor dem Einfrieren sollten Sie das Brot gut abkühlen lassen. Sie können es zur besseren Portionierung auch in Scheiben geschnitten in Gefrierbeuteln einfrieren. Damit die Brotscheiben nicht aneinanderkleben, legen Sie Frischhaltefolie dazwischen. Lassen Sie das Brot bei Zimmertemperatur auftauen. Ganze Brote backen Sie im vorgeheizten Backofen für 10 bis 15 Minuten bei 200 °C auf, so werden sie außen knusprig und bleiben innen feucht. Gefrorene Brotscheiben können Sie direkt im Toaster auftauen – so geht kein Wasser aus dem Brot verloren und Sie erhalten eine saftige Brotscheibe, die außerdem nicht krümelt.

Pannenhilfe oder: Was tun, wenn …?

Was tun, wenn …

… das Brot in der Mitte zusammenfällt?

Mögliche Ursachen:

> Sie haben den Deckel während der Aufgehphase oder beim Backen noch einmal geöffnet, um den Erfolg Ihrer Bemühungen zu begutachten (ein nur allzu verständlicher Fehler!). Leider fällt dadurch das Brot in sich zusammen. Das Gleiche gilt, wenn Sie die Maschine verschieben oder der Brotbackautomat im Durchzug steht.
Abhilfe: Deckel während des Backens geschlossen halten und das Gerät an einem sicheren Ort ohne Zugluft aufstellen.

> Die Hefe- bzw. Triebmittelmenge war zu groß. Das Brot geht so zu stark auf, stößt an den Deckel und fällt dann zusammen.
Abhilfe: Reduzieren Sie die Hefe- bzw. Triebmittelmenge.

- Die Teigtemperatur war zu hoch oder die Ruhezeit zu lange. So quillt der Teig über den Formrand und fällt dann in sich zusammen.
  Abhilfe: Halten Sie die Teigtemperatur und die Ruhezeit ein.
- Es war zu viel Flüssigkeit im Teig. Das Brot ist dann innen klitschig und fällt in sich zusammen.
  Abhilfe: Reduzieren Sie die Flüssigkeitsmenge. (Bedenken Sie bei der Flüssigkeitszufuhr, dass auch Käse, Eier, Milchprodukte oder Gemüse etwas Flüssigkeit abgeben.)
- Das Brot war länger als empfohlen in der Backform. Dabei nimmt es Feuchtigkeit auf und kann in sich zusammenfallen.
  Abhilfe: Brot direkt nach dem Backen aus der Backform nehmen.
- Mehlsorte oder Mahlgrad waren nicht für das Rezept geeignet.
  Abhilfe: Versuchen Sie eine andere Mehlsorte oder überprüfen Sie die Zusammensetzung der Mehlmischung.
- Die Außentemperatur war zu warm oder die Luftfeuchtigkeit zu hoch. Dadurch ist der Teig vielleicht zu schnell aufgegangen.
  Abhilfe: Verwenden Sie kühlere Flüssigkeit und reduzieren Sie sowohl Hefe- als auch Flüssigkeitsmenge, um diesen Prozess zu verlangsamen.

… das Brot nicht oder nur schlecht aufgeht?

Mögliche Ursachen:

- Brote mit Vollkornmehl gehen oft nicht so stark auf wie Brote mit hellem Mehl mit niedriger Typenzahl, das ist normal.
- Ihr Brot geht gar nicht auf: Vielleicht haben Sie vergessen, die Hefe hinzuzugeben.
  Abhilfe: Hefe zugeben.
- Ihr Brot geht nur ein wenig auf:
  1) Die Hefe war zu alt.
  Abhilfe: Benutzen Sie nur Hefe vor Ablauf des Mindesthaltbarkeitsdatums oder gehen Sie auf Nummer sicher und aktivieren Sie die Hefe vorab: Trockenhefe/Frischhefe in etwa 100 ml lauwarmem Wasser mit ½ TL Zucker oder Honig vermischen. Es sollten sich nach 5–10 Minuten deutliche Bläschen zeigen, dann können Sie das „Hefewasser" zum Teig geben (Flüssigkeitsmenge berücksichtigen und von der Gesamtmenge für den Teig abziehen.)
  2) Das zugesetzte Wasser war zu warm oder zu kalt.
  Abhilfe: Wassertemperatur prüfen!
  3) Die verwendete Zuckermenge war zu hoch.
  Abhilfe: Reduzieren Sie die Zuckermenge.

… das Brot zu stark aufgeht?

Mögliche Ursachen:

- Die Mehlmenge oder andere Zutaten wie Hefe oder Backpulver waren überdosiert.
  Abhilfe: Überprüfen Sie die Mengenangaben.
- Sie haben vergessen, das Salz hinzuzufügen. Da Salz die Hefetätigkeit hemmt, kommt es zu wilder Gärung.
  Abhilfe: Überprüfen bzw. erhöhen Sie die Salzzugabe.

Tipp Sollten Sie beobachten, dass der Teig zu stark aufgeht und droht, über die Backform zu quellen, drücken Sie am Automaten die Stopp-Taste und kneten den Teig mit den Händen etwas zusammen. Anschließend schalten Sie das Programm „Backen" manuell ein.

... das Brot zu feucht ist?

Mögliche Ursachen:

> Das Brot ist nicht ganz durchgebacken.
Abhilfe: Überprüfen Sie, ob es einen Stromausfall gegeben hat, ob Sie das richtige Backprogramm verwendet haben, ob der Gerätedeckel richtig geschlossen war und ob der Knethaken richtig aufgesteckt war.

> Das Brot war nach dem Backen zu lange im Brotbackautomaten. So entwickelt sich Kondenswasser und macht das Brot feucht.
Abhilfe: Entfernen Sie das Brot direkt nach der Fertigstellung aus der Backform und lassen Sie es auf einem Kuchengitter abkühlen.

> Die Flüssigkeitsmenge war zu hoch.
Abhilfe: Reduzieren Sie die Flüssigkeitsmenge oder die Menge feuchter Zutaten wie etwa Früchte, Apfelmus oder Joghurt.

> Das Brot wurde unmittelbar nach dem Backen angeschnitten und ist deshalb noch sehr feucht.
Abhilfe: Lassen Sie das Brot erst abkühlen, bevor Sie es anschneiden.

... das Brot bzw. die Krume zu trocken ist oder stark krümelt?

Mögliche Ursachen:

> Die Flüssigkeitsmenge war zu gering. (Das merken Sie mit ein bisschen Erfahrung schon beim Teigkneten bzw. -rühren.)
Abhilfe: Erhöhen Sie die Flüssigkeitsmenge. Erhöhen sie den Anteil an feuchten Zutaten wie geraspelte Zucchini, Karotte oder Apfelmus.

> Die Backzeit war zu lange.
Abhilfe: Verringern Sie die Backzeit.

> Das Brot ist schon älter. Nach einer gewissen Zeit wird das Brot altbacken, weil es Wasser verliert und austrocknet.
Abhilfe: Toasten Sie die Brotscheiben oder trocknen Sie sie und verwenden sie als Restbrot im nächsten Brotteig.

... das Brot einen strengen oder unangehmene Geruch hat?

Mögliche Ursachen:

> Die Hefemenge war zu hoch.
Abhilfe: Überprüfen Sie die Hefemenge.

> Nicht alle Zutaten waren frisch.
Abhilfe: Verwenden Sie stets nur frische Zutaten.

... das Brot zu hart ist?

Mögliche Ursachen:

> Sie haben zum ersten Mal ein Brot mit Körnern oder Nüsse gebacken. Diese Brote sind vom Biss her immer etwas härter, das ist ganz normal.

> Die Hefemenge war zu gering, das Brot konnte nicht genügend aufgehen.
Abhilfe: Überprüfen Sie die Hefemenge und erhöhen Sie sie gegebenenfalls.
> Der Sauerteig war noch nicht reif. So hatte er noch nicht genügend Kraft, den Teig aufzulockern.
Abhilfe: Geben Sie etwas Hefe bei oder frischen Sie Ihren Sauerteig neu auf.
> Das zugesetzte Wasser war zu warm oder zu kalt und hat die Hefetätigkeit gehemmt.
Abhilfe: Überprüfen Sie die Wassertemperatur.

... es aus dem Lüftungsschlitz verbrannt riecht oder Dampf austritt?

Mögliche Ursachen:
> Mehl oder andere Zutaten sind auf das Heizelement gefallen oder kleben an der Außenseite der Backform.
Abhilfe: Ziehen Sie den Netzstecker und entfernen Sie die Reste.

... das Brot sich nicht aus der Backform lösen lässt?

Mögliche Ursachen:
> Sie haben Ihren Brotbackautomaten schon sehr häufig verwendet und die Antihaftbeschichtung ging durch Reinigung bereits zum Teil verloren.
Abhilfe: Pinseln Sie die Innenseite der Backform mit etwas Pflanzenöl ein.

Mehlreste am Brotrand

... sich am Brotrand oder an der Oberfläche noch Mehlreste befinden?

Mögliche Ursachen:
> Der Knethaken war nicht korrekt aufgesetzt, dann kann der Teig nicht richtig gemischt werden.
Abhilfe: Überprüfen Sie den Knethaken.
> Das Mehl wurde beim Kneten an den Seiten nicht richtig untergearbeitet.
Abhilfe: Nehmen Sie einen Teigschaber und kratzen Sie nach dem ersten Kneten das Restmehl in den Ecken der Backform zusammen.

Informationen zu den Rezepten

Das Backergebnis hängt von verschiedenen Faktoren ab: Wetter, Jahreszeit, Mahlgrad und Qualität des Getreides sowie Beschaffenheit der Zutaten und der Flüssigkeitsmenge. Urkorn-Mehle haben alle ihre Eigenarten, die bei der Teigführung, Programmauswahl, Knetzeit, Ruhe- bzw. Quellzeit und Backzeit beachtet werden sollten. Deshalb sehen Sie die Angaben in den Rezepten als Anhaltspunkte, die man eventuell anpassen muss. Gerade wenn man beginnt, mit Urkorn zu backen, ist ein vorsichtiges Herantasten sehr ratsam. Die Rezepte wurden mehrmals von verschiedenen Personen gebacken, dabei kamen unterschiedliche Automaten mehrerer Hersteller zum Einsatz. Erst wenn alle zufrieden waren und das Ergebnis als sehr gut empfunden wurde, gelangte das Rezept in dieses Buch. Doch auch, wenn einmal ein Rezept nicht auf Anhieb gelingen sollte, das Wichtigste ist, dass Sie mit Freude weiterprobieren, bis es für Sie passt – dann steht dem urigen Urkorn-Genuss nichts mehr im Wege.

Abkürzungen

g = Gramm
ml = Milliliter
TL = Teelöffel
EL = Esslöffel
Pkg. = Päckchen

Auf einen Blick

Salz: 1½ TL entsprechen ca. 10 g, ich habe mit dem beiliegenden Messlöffel vom Brotbackautomaten abgemessen. Im Durchschnitt beträgt der Salzanteil 2 %, also 10 g auf 500 g Mehl.

Zucker: 1½ TL entsprechen ca. 10 g, ich habe mit dem beiliegenden Messlöffel vom Brotbackautomaten abgemessen.

Honig: Je nach Honigsorte erhalten Sie einen anderen Geschmack. Probieren Sie aus, was Ihnen am besten schmeckt. Pflanzliche Alternativen wie Agavendicksaft etc. können Sie jederzeit gegen Honig austauschen.

Hefe: Im Durchschnitt wird 1 Päckchen (2 TL) Trockenhefe auf 500 g Mehl verarbeitet. Wenn im Rezept „1 Pkg. Trockenhefe“ angegeben ist, können Sie diese auch durch ½ Würfel (21 g) frische Hefe ersetzen. Siehe auch Tabelle Seite 54 „Trockenhefe in Frischhefe umrechnen“.

Sauerteig: Bei den Rezepten habe ich unterschieden zwischen selbst hergestelltem, aktiven Sauerteig (siehe Kapitel Sauerteig, Seite 28) ohne bzw. mit optionaler Hefezugabe und gekauftem Trockensauerteig bzw. flüssigem Sauerteig verschiedener Hersteller in Kombination mit Hefe. Bitte lesen und beachten Sie bei fertig gekauftem Sauerteig immer die Herstellerangaben. Selbstverständlich können Sie auch in Rezepten, in denen gekaufter Sauerteig verwendet wurde, Ihren selbst gezüchteten, aktiven Sauerteig einsetzen. Alternativ können Sie anstelle des Sauerteigs auch Hefe nehmen und für den säuerlichen Geschmack etwas Buttermilch etc. beifügen.

Backferment: Hier bitte die jeweiligen Herstellerangaben beachten. Ich habe Produkte der Firmen Sekowa und Back-Natur benutzt.

Teig: Beobachten Sie den Teig genau: Fehlt noch etwas Flüssigkeit oder muss ich noch etwas Mehl beimengen? Falls ja, geben Sie nach Bedarf esslöffelweise etwas dazu. Da jeder Automat etwas anders arbeitet und die Mehle sich oft in Qualität und Mahlgrad unterscheiden, sind manchmal kleine Nacharbeiten erforderlich.

Fertiges Brot: Alle Brotsorten eignen sich hervorragend zum Toasten, was immer ein besonderer Genuss ist.

Restbrot: Lassen Sie nicht benötigte Brotreste trocknen und zerkleinern sie dann zu feinen Krümeln. Weichen Sie diese mind. 2 bis 5 Stunden in warmem Wasser ein. Ersetzen Sie anschließend in Ihrem neuen Teig bis zu 5 % der Gesamtmehlmenge durch die Masse. Restbrot verlängert die Haltbarkeit und verleiht dem Brot einen intensiveren Geschmack.

Programmauswahl: Da jeder Brotbackautomatenhersteller seine Programme etwas anders benennt, beginnen Sie am besten mit einem „Standardprogramm" (ca. 2 bis 3 Stunden) und passen nach und nach das „richtige" Programm dem Rezept an. Je länger das Programm dauert, umso mehr Zeit hat das Brot zu quellen und aufzugehen und umso schmackhafter wird es.

Ur-Brot-Rezepte

Ur-Brote mit Hefe

Ob Sie frische Hefe oder Trockenhefe verwenden, ist für die Teigherstellung egal. Trockenhefe hat den Vorteil, dass diese besser bevorratet werden kann und nicht so schnell verdirbt wie frische Hefe. Entscheiden Sie aber nach Ihren persönlichen Vorlieben.

Urkorn-Vollkornbrot

Programm: „Normal", „Schnell" oder „Vollkorn"

Ergibt ein Brot von ca. 750 g

ca. 290 ml Wasser, lauwarm
1 EL Naturjoghurt
120 g Einkorn-Vollkornmehl
120 g Emmer-Vollkornmehl
120 g Kamut-Vollkornmehl
120 g Ur-Dinkel-Vollkornmehl
1 TL Salz
1 Prise Zucker
1 TL Trockenhefe

ZUBEREITUNG:
Alle Zutaten in die Backform geben und Programm starten.

Tipp Sehr lecker schmecken in diesem Brotteig noch ca. 60 g Nüsse wie Walnüsse oder Haselnüsse. Diese einfach grob gehackt nach dem Signalton zum Teig geben.

Trockenhefe in Frischhefe umrechnen

Trockenhefe x 3 = Frischhefe,
Beispiel:

1 g	Trockenhefe	= 3 g frische Hefe
1/4 TL	Trockenhefe (ca. 1 g)	= 3 g frische Hefe
1/2 TL	Trockenhefe (ca. 2 g)	= 5 g frische Hefe
3/4 TL	Trockenhefe (ca. 3 g)	= 8 g frische Hefe
1 TL	Trockenhefe (ca. 4 g)	= 10 g frische Hefe
2 TL	Trockenhefe (ca. 1 Pkg.)	= 21 g (1/2 Würfel) frische Hefe

Urkorn-Vollkornbrot ist ein Klassiker, der immer schmeckt.

Ur-Dinkel-1050-Brot

Programm: „Normal" „Schnell" oder „Basic"

Ergibt ein Brot von ca. 550 g

ca. 210 ml Wasser, lauwarm
1 TL Sonnenblumenöl
1 TL Zitronensaft
3 g Zuckerrübensirup
350 g Ur-Dinkelmehl Type 1050
¾ TL Salz
1 TL Trockenhefe

ZUBEREITUNG:
Alle Zutaten in die Backform geben und Programm starten.

Tipp Wenn Sie einen Vorteig bei diesem Rezept herstellen, erhalten Sie ein noch intensiveres Aroma und verlängern die Haltbarkeit des Brotes. Dazu mischen Sie mit dem Programm „Teig" in ca. 3 Minuten die Vorteigzutaten aus 100 g Ur-Dinkelmehl 1050, 90 ml Wasser und einer Prise Trockenhefe, drücken „Stopp" und lassen das Ganze 12–15 Stunden im Brotbackautomaten gehen. Danach geben Sie die restlichen Zutaten in die Backform und starten wie gewohnt mit dem Programm „Normal".

Ur-Dinkel-1050-Brot schmeckt mit süßen wie mit herzhaften Aufstrichen sensationell.

Hirsebrot

Programm: „Normal“, „Schnell“ oder „Vollkorn“
Ergibt ein Brot von ca. 900 g

100 g Hirse
ca. 220 ml Wasser
120 ml Vollmilch, lauwarm
3 EL Olivenöl
450 g Ur-Dinkelmehl Type 630
1 ½ TL Salz
1 ½ TL Trockenhefe

VORBEREITUNG:
Die Hirse in 220 ml Wasser ca. 20 Minuten kochen und abkühlen lassen.

ZUBEREITUNG:
Alle Zutaten in die Backform geben und Programm starten.

Ur-Dinkel-Amaranthbrot

Programm: „Normal“, „Schnell“ oder „Vollkorn“
Ergibt ein Brot von ca. 800 g

ca. 300 ml Wasser, lauwarm
10 g weiche Butter
1 TL Honig
1 TL Apfelessig
300 g Ur-Dinkelmehl Type 630
150 g Amaranth-Vollkornmehl
50 g gepuffte Hirse (Hirsepops)
1 TL Salz
1 ½ TL Trockenhefe

ZUBEREITUNG:
Alle Zutaten in die Backform geben und Programm starten.

Tipp Statt gepuffter Hirse können Sie auch gepufften Dinkel, Amaranth oder Quinoapops verwenden. Das Brot wird noch luftiger, wenn Sie das gepuffte Getreide erst kurz vor Ende des letzten Knetganges in den Teig geben.

Ur-Bauernbrot

Programm: „Normal", „Schnell" oder „Vollkorn"

Ergibt ein Brot von ca. 900 g

Brühstück:

100 g Ur-Dinkelmehl Type 1050
30 g Ur-Dinkel-Vollkornmehl
180 ml Wasser, kochend

Hauptteig:

120 ml Vollmilch, lauwarm
ca. 100 ml Wasser, lauwarm
1 EL Naturjoghurt
300 g Ur-Dinkelmehl Type 630
100 g Lichtkornroggen-Vollkornmehl
1½ TL Salz
1½ TL Trockenhefe

VORBEREITUNG:

Für das Brühstück die beiden Mehlsorten mit dem kochenden Wasser verrühren. Zugedeckt abkühlen lassen, am besten über Nacht im Kühlschrank.

ZUBEREITUNG:

Das Brühstück zusammen mit den Zutaten für den Hauptteig in die Backform füllen und Programm starten.

Ur-Bauernbrot mit Butter bestrichen – mehr braucht es nicht.

Möhren-Urkornbrot

Programm: „Normal", „Schnell" oder „Vollkorn"
Ergibt ein Brot von ca. 950 g

ca. 300 ml Wasser, lauwarm
80 g Karotte, grob geraspelt
1 EL Apfelessig
1 EL Agavendicksaft
250 g Ur-Dinkel-Vollkornmehl
200 g Ur-Dinkelmehl Type 1050
50 g Emmer-Vollkornmehl
1 ½ TL Salz
1 TL Zuckerrübensirup
2 TL Trockenhefe
30 g Sonnenblumenkerne
20 g Leinsamen, geschrotet
1 EL Korianderblätter, fein gehackt

ZUBEREITUNG:
Alle Zutaten bis auf Sonnenblumenkerne, Leinsamen und Korianderblätter in die Backform füllen und Programm starten. Nach dem Signalton restliche Zutaten zugeben.

Tipp Zu diesem Brot mit leicht süßlichem Möhrengeschmack passen Aufstriche oder Quark und Käse hervorragend.

Möhren-Urkornbrot – für ein ganz besonderes Aroma verfeinern Sie den Teig mit etwas gemahlenem Zimt.

Kartoffelbrot mit Buttermilch

Programm „Normal“, „Schnell“ oder „Vollkorn“

Ergibt ein Brot von ca. 850 g

150 ml Buttermilch, lauwarm
ca. 140 ml Wasser, lauwarm
20 g Butter, weich
400 g Ur-Dinkelmehl Type 1050
50 g Ur-Roggen-Vollkornmehl
100 g Pellkartoffel, gekocht, geschält und mit einer Gabel zerdrückt
1 ½ TL Salz
1 TL Zucker
1 ½ TL Trockenhefe

ZUBEREITUNG:
Alle Zutaten in die Backform geben und Programm starten.

Uriges Toastbrot

Programm: „Normal“, „Schnell“ oder „Vollkorn“

Ergibt ein Brot von ca. 550 g

ca. 190 ml Wasser, lauwarm
20 ml Sahne
20 g Butter, weich
200 g Kamutmehl, hell
130 g Ur-Dinkel-Vollkornmehl
1 TL Salz
1 TL Zucker
1 TL Trockenhefe

ZUBEREITUNG:
Alle Zutaten in die Backform geben und Programm starten.

Toastbrot ist beliebt wie nie zuvor. Rösten Sie auch andere Brotsorten einmal an, Sie werden begeistert sein, wie gut das schmeckt.

Ur-Dinkel-Vollkornbrot

Programm: „Normal", „Schnell" oder „Vollkorn"
Ergibt ein Brot von ca. 800 g

ca. 320 ml Wasser, lauwarm
2 EL Speiseöl
2 EL Apfelessig
450 g Ur-Dinkel-Vollkornmehl
40 g Dinkelflocken, Kleinblatt
1 ½ TL Salz
1 TL Zucker
1 ½ TL Trockenhefe

ZUBEREITUNG:
Alle Zutaten in die Backform geben und Programm starten.

Ur-Dinkel-Haselnussbrot

Programm: „Normal", „Schnell" oder „Vollkorn"
Ergibt ein Brot von ca. 600 g

ca. 220 ml Wasser, lauwarm
1 EL Walnussöl
300 g Ur-Dinkel-Vollkornmehl
30 g gemahlene Haselnüsse
1 TL Salz
1 TL Zucker
1 ½ TL Trockenhefe
40 g Haselnüsse, grob gehackt

ZUBEREITUNG:
Alle Zutaten bis auf die grob gehackten Haselnüsse in die Backform füllen und Programm starten. Nach dem Signalton die grob gehackten Haselnüsse zugeben.

Tipp Gerade bei den Ur-Dinkel-Vollkornmehlen lohnt sich die Herstellung eines Brühstücks, das Sie wie folgt bei diesem Rezept zubereiten können: 100 g Ur-Dinkel-Vollkornmehl mit 160 ml kochendem Wasser übergießen und ausquellen lassen. Die Zutatenmengen werden vom Hauptrezept einfach abgezogen. Dann weiter verfahren wie im Rezept angegeben.

Ur-Dinkel-Haselnussbrot schmeckt besonders mit Käse gut.

Urkorn-Mischbrot

Programm: „Normal", „Schnell" oder „Vollkorn"

Ergibt ein Brot von ca. 550 g

Brühstück:
100 ml Wasser, kochend
50 g Ur-Dinkelmehl Type 630

Hauptteig:
ca. 180 ml Wasser, lauwarm
100 g Ur-Dinkelmehl Type 630
80 g Einkorn-Vollkornmehl
80 g Emmer-Vollkornmehl
1 TL Salz
1 TL Trockenhefe

VORBEREITUNG:
Für das Brühstück das kochende Wasser und den Ur-Dinkel mit dem Programm „Teig" in ca. 1 Minute verrühren. Programm beenden. Deckel schließen und abgedeckt mind. 2–12 Stunden stehen lassen.

ZUBEREITUNG:
Dann die restlichen Zutaten für den Hauptteig zugeben und das Programm starten.

Sonntags-Brot

Programm: „Normal" oder „Hefekuchen"

Ergibt ein Brot von ca. 750 g

120 ml Wasser, kochend
440 g Ur-Dinkelmehl Type 630
180 ml Milch, lauwarm
40 g Butter, weich
1 TL Salz
1 TL Trockenhefe

VORBEREITUNG:
Für das Brühstück das kochende Wasser und 90 g Ur-Dinkelmehl in die Backform füllen und mit dem Programm „Teig" ca. 1–2 Minuten verrühren. Programm beenden. Die restlichen 350 g Ur-Dinkelmehl auf die Teigmasse geben, somit wird das Brühstück abgedeckt. Deckel schließen und mind. 4–12 Stunden stehen lassen.

ZUBEREITUNG:
Danach die übrigen Zutaten dazugeben und das Programm starten.

Tipp Nach dem letzten Knetgang den Teig aus der Form nehmen, zwei Stränge formen, zusammenrollen und in die Backform zurücklegen. Vor dem Backen noch mit Milch oder Ei abstreichen. Am liebsten esse ich dieses Brot leicht warm mit etwas Butter und Marmelade oder Honig bestrichen zum Frühstück: ein Traum!

Das Sonntags-Brot schmeckt garantiert auch wochentags zum Frühstück unvergleichlich gut.

Kamut-Ur-Dinkelbrot

Programm: „Normal", „Schnell" oder „Vollkorn"

Ergibt ein Brot von ca. 850 g

300 g Ur-Dinkel-Vollkornmehl
ca. 350 ml Wasser, lauwarm
200 g Kamutgrieß
20 ml Speiseöl
1 TL Salz
1 TL Zucker
1 TL Kümmelsamen
1 TL Trockenhefe

VORBEREITUNG:
Für das Kochstück 40 g Ur-Dinkel-Vollkornmehl in 150 ml Wasser unter Rühren aufkochen und abkühlen lassen. Die restlichen 200 ml Wasser aufkochen, den Kamutgrieß damit überbrühen, verrühren und ebenfalls abkühlen lassen.

ZUBEREITUNG:
Alles zusammen mit den restlichen Zutaten in die Brotbackform füllen. Programm starten.

Urkorn-Flockenbrot

Programm: „Normal", „Schnell" oder „Vollkorn"

Ergibt ein Brot von ca. 800 g

Kochstück:
200 ml Wasser
100 g Dinkelflocken

Hauptteig:
ca. 100 ml Wasser, lauwarm
100 ml Milch, lauwarm
200 g Ur-Dinkelmehl Type 630
100 g Emmer-Vollkornmehl
1 ½ TL Salz
1 ½ TL Trockenhefe

VORBEREITUNG:
Für das Kochstück 200 ml Wasser aufkochen und die Dinkelflocken einrühren. Zugedeckt abkühlen lassen.

ZUBEREITUNG:
Das Kochstück zusammen mit den Zutaten für den Hauptteig in die Backform füllen. Programm starten.

Urkorn-Flockenbrot erhält durch die Dinkelflocken einen milden Geschmack.

Dinkel-Einkorn-Emmerbrot

Programm: „Normal“, „Schnell“ oder „Vollkorn“
Ergibt ein Brot von ca. 800 g

Brühstück:
150 ml Wasser, kochend
100 g Ur-Dinkelmehl Type 630

Hauptteig:
ca. 200 ml Wasser, lauwarm
1 EL Naturjoghurt
120 g Ur-Dinkelmehl Type 630
120 g Einkorn-Vollkornmehl
120 g Emmer-Vollkornmehl
1½ TL Salz
1½ TL Trockenhefe

VORBEREITUNG:
Für das Brühstück das kochende Wasser mit dem Ur-Dinkelmehl verrühren. Zugedeckt abkühlen lassen, am besten über Nacht im Kühlschrank.

ZUBEREITUNG:
Das Brühstück zusammen mit den Zutaten für den Hauptteig in die Backform füllen. Programm starten.

Rote-Bete-Urkornbrot

Programm: „Normal“, „Schnell“ oder „Vollkorn“
Ergibt ein Brot von ca. 1000 g

80 g Rote Bete, gekocht
80 g Kartoffel
ca. 200 ml Wasser, lauwarm
50 ml Rote-Bete-Saft
1 EL Apfelessig
50 g Butter, weich
50 g Zwiebeln, fein gehackt
300 g Ur-Dinkelmehl Type 630
100 g Ur-Dinkel-Vollkornmehl
100 g Kamutmehl, hell
1½ TL Salz
2 TL Trockenhefe

ZUBEREITUNG:
Die gekochte Rote Bete mit einer Reibe grob raspeln, Kartoffel schälen und ebenfalls grob raspeln. Beides zusammen mit den restlichen Zutaten in die Backform geben und Programm starten.

Tipp Rote Bete gehört zu den gesündesten Gemüsesorten, die es gibt. Kochen Sie sie bis zu einer Stunde mit der Schale in Salzwasser und schälen Sie die Bete erst dann, am besten mit Handschuhen. Oder kaufen Sie vorgekochte, vakuumierte Rote Bete.

Rote-Bete-Urkornbrot ist nicht nur farblich etwas Besonderes.

Kürbis-Kamutbrot

Programm: „Normal“, „Schnell“ oder „Vollkorn“

Ergibt ein Brot von ca. 950 g

ca. 280 ml Wasser, lauwarm
2 EL Kürbiskernöl
300 g Kamutmehl, hell
200 g Ur-Dinkelmehl Type 630
2 TL Salz
1 TL Honig
2 TL Trockenhefe
100 g Kürbisfruchtfleisch (z. B. Hokkaido), grob gerieben
80 g Kürbiskerne

ZUBEREITUNG:
Alle Zutaten bis auf die Kürbiskerne in die Backform geben und Programm starten. Nach dem Signalton die Kürbiskerne zugeben.

Urkorn-Saatenbrot

Programm: „Normal“, „Schnell“ oder „Vollkorn“

Ergibt ein Brot von ca. 550 g

120 ml Vollmilch, lauwarm
ca. 50 ml Wasser, lauwarm
50 ml Naturjoghurt, lauwarm
1 EL Apfelessig
160 g Ur-Dinkel-Vollkornmehl
60 g Einkorn-Vollkornmehl
60 g Ur-Roggen-Vollkornmehl
1 TL Salz
1 TL Zuckerrübensirup
1½ TL Trockenhefe
20 g kernige Dinkelflocken
20 g Sesamsamen
20 g Leinsamen

ZUBEREITUNG:
Alle Zutaten bis auf Dinkelflocken, Sesam- und Leinsamen in die Backform füllen und Programm starten. Nach dem Signalton restliche Zutaten zugeben.

Aus den Teigen können Sie auch Brötchen backen

Stellen Sie den Teig im Brotbackautomaten mit dem Programm „Teig“ her und lassen Sie ihn dort ca. 40–50 Minuten ruhen. Wiegen Sie Teigstücke von 40–80 g (je nach gewünschter Größe) ab und formen Sie kleine Bällchen. Setzten Sie die geformten Brötchen auf ein mit Backpapier belegtes Backblech, bedecken Sie diese mit einem Küchentuch und lassen Sie die Brötchen etwa 20–30 Minuten ruhen. Besprühen Sie die Brötchen mit etwas Wasser und backen Sie sie im vorgeheizten Backofen dann bei 220 °C ca. 18–20 Minuten.

Urkorn-Saatenbrot mit knackigem Salat und der Genuss ist perfekt.

Ur-Brote mit selbst gezüchtetem Sauerteig

Sauerteig ist die älteste, natürlichste Teiglockerungsmethode für Brote. Sauerteig kann nicht nur für Roggenbrote eingesetzt werden, sondern auch für Einkorn-, Emmer- und Dinkelbrote. Sollte Ihr Sauerteig nicht genug Triebkraft besitzen, frischen Sie ihn erneut ein- bis zweimal auf oder geben etwas Hefe mit zum Teig (siehe auch Kapitel „Sauerteig“, Seite 27/28).

Lichtkornroggen-Sauerteigbrot

Programm: „Normal“, „Roggen“ oder „Vollkorn“

Ergibt ein Brot von ca. 900 g

Sauerteig:

40 g Sauerteig-Anstellgut (gereift und triebstark)
200 g Lichtkornroggen-Vollkornmehl
200 ml Wasser

Hauptteig:

ca. 230 ml Wasser, lauwarm
1 TL Honig
250 g Lichtkornroggen-Vollkornmehl
1½ TL Salz
1 TL Trockenhefe (optional)

VORBEREITUNG:
Die Zutaten für den Sauerteig miteinander mischen und den Sauerteig an einem warmen Ort 12–15 Stunden gehen lassen.

ZUBEREITUNG:
Den Sauerteig zusammen mit den Zutaten für den Hauptteig in die Backform füllen und Programm starten.

Tipp Für eine schöne Optik bestreichen Sie die Teigoberfläche nach dem letzten Knetgang mit Wasser und streuen etwas Roggenvollkornmehl darauf.

Lichtkornroggen-Sauerteigbrot ist kräftig im Geschmack.

Ur-Roggen-Kartoffelbrot

Programm: „Normal“, „Schnell“ oder „Vollkorn“
Ergibt ein Brot von ca. 850 g

Sauerteig:
30 g Sauerteig-Anstellgut (gereift und triebstark)
150 g Roggenmehl Type 997
150 ml Wasser

Hauptteig:
ca. 120 ml Wasser, lauwarm
5 g Zuckerrübensirup
160 g Ur-Dinkel-Vollkornmehl
100 g Roggenmehl Type 997
1 ½ TL Salz
100 g Pellkartoffel, gekocht, geschält und mit einer Gabel zerdrückt
60 g grob gehackte Walnüsse
1 TL Trockenhefe (optional)

VORBEREITUNG:
Die Zutaten für den Sauerteig miteinander mischen und den Sauerteig an einem warmen Ort 12–15 Stunden gehen lassen.

ZUBEREITUNG:
Den Sauerteig zusammen mit den Zutaten für den Hauptteig bis auf die Walnüsse in die Backform geben und Programm starten. Nach dem Signalton die Walnüsse zugeben.

Tipp Statt Walnüssen eignen sich auch Haselnüsse oder Pekannüsse.

Helles Ur-Dinkel-Sauerteigbrot

Programm: „Normal“, „Schnell“ oder „Vollkorn“
Ergibt ein Brot von ca. 1000 g

Sauerteig:
15 g Sauerteig-Anstellgut (gereift und triebstark)
150 g Ur-Dinkel-Vollkornmehl
150 ml Wasser, lauwarm

Brühstück:
50 g Dinkelvollkornflocken, Großblatt
30 g Goldleinsamen
120 ml Wasser, kochend

Hauptteig:
ca. 150 ml Wasser, lauwarm
1 EL Speiseöl
400 g Ur-Dinkelmehl Type 630
1 ½ TL Salz
1 TL Trockenhefe (optional)

VORBEREITUNG:
Die Zutaten für den Sauerteig miteinander mischen und den Sauerteig an einem warmen Ort 12–15 Stunden gehen lassen. Für das Brühstück Dinkelvollkornflocken und Goldleinsamen ebenfalls miteinander mischen, mit dem kochenden Wasser übergießen und abkühlen lassen.

ZUBEREITUNG:
Sauerteig und Brühstück zusammen mit den Zutaten für den Hauptteig in die Backform füllen und Programm starten.

Kamut-Dinkel-Sauerteigbrot

Programm: „Normal", „Schnell" oder „Vollkorn"

Ergibt ein Brot von ca. 900 g

Sauerteig:
10 g Sauerteig-Anstellgut (gereift und triebstark)
120 g Ur-Dinkel-Vollkornmehl
70 ml Wasser, lauwarm

Brühstück:
120 g Ur-Dinkel-Vollkornmehl
200 ml Wasser, kochend

Hauptteig:
ca. 100 ml Wasser, lauwarm
1 EL Sonnenblumenkernöl
1 TL Honig
250 g Kamutmehl Type 1600
1 ½ TL Salz
½ TL Brotgewürz
1 TL Trockenhefe (optional)

VORBEREITUNG:
Die Zutaten für den Sauerteig miteinander mischen und den Sauerteig an einem warmen Ort 12–15 Stunden gehen lassen. Für das Brühstück das Dinkelmehl mit dem kochenden Wasser übergießen, zugedeckt abkühlen lassen oder über Nacht im Kühlschrank lagern.

ZUBEREITUNG:
Sauerteig und Brühstück mit den Zutaten für den Hauptteig in die Backform füllen und Programm starten.

Kamut-Dinkel-Sauerteigbrot – Scheibe für Scheibe super lecker.

Einkorn-Vollkorn-Sauerteigbrot

Programm: „Normal“, „Schnell“ oder „Vollkorn“
Ergibt ein Brot von ca. 950 g

Sauerteig:
20 g Sauerteig-Anstellgut (gereift und triebstark)
200 g Einkorn-Vollkornmehl
170 ml Wasser

Hauptteig:
ca. 170 ml Wasser, lauwarm
1 EL Weizenkeimöl
400 g Einkorn-Vollkornmehl
1 ½ TL Salz
1 TL Trockenhefe (optional)

VORBEREITUNG:
Die Zutaten für den Sauerteig miteinander mischen und den Sauerteig an einem warmen Ort 12–15 Stunden gehen lassen.

ZUBEREITUNG:
Den Sauerteig zusammen mit den Zutaten für den Hauptteig in die Backform füllen und Programm starten.

Emmer-Vollkorn-Sauerteigbrot

Programm: „Normal“, „Schnell“ oder „Vollkorn“
Ergibt ein Brot von ca. 850 g

Sauerteig:
20 g Sauerteig-Anstellgut (gereift und triebstark)
100 g Emmer-Vollkornmehl
100 ml Wasser, lauwarm

Hauptteig:
ca. 200 ml Wasser, lauwarm
100 g gekochter Perl-Emmer (Emmer-Reis), abgekühlt
15 g Schweineschmalz oder Butter
250 g Emmer-Vollkornmehl
100 g Ur-Dinkelmehl Type 630
1 ½ TL Salz
1 TL Trockenhefe (optional)

VORBEREITUNG:
Die Zutaten für den Sauerteig miteinander mischen und den Sauerteig an einem warmen Ort 12–15 Stunden gehen lassen.

ZUBEREITUNG:
Den Sauerteig zusammen mit den Zutaten für den Hauptteig in die Backform füllen und Programm starten.

Emmer-Vollkorn-Sauerteigbrot passt hervorragend zu Suppen und Salaten.

Kamut-Roggen-Sauerteigbrot

Programm: „Normal", „Roggen" oder „Vollkorn"
Ergibt ein Brot von ca. 600 g

Sauerteig:
10 g Sauerteig-Anstellgut (gereift und triebstark)
50 g Ur-Roggen-Vollkornmehl
50 ml Wasser, lauwarm

Hauptteig:
ca. 200 ml Wasser, lauwarm
1 EL Olivenöl
1 TL Zuckerrübensirup
200 g Kamutmehl, hell
100 g Ur-Roggen-Vollkornmehl
1 ½ TL Salz
½ TL Brotgewürz
½ TL Trockenhefe (optional)

VORBEREITUNG:
Die Zutaten für den Sauerteig miteinander mischen und den Sauerteig an einem warmen Ort 12–15 Stunden gehen lassen.

ZUBEREITUNG:
Den Sauerteig zusammen mit den Zutaten für den Hauptteig in die Backform füllen und Programm starten.

Tipp Für eine schöne Optik bestreichen Sie die Teigoberfläche nach dem letzten Knetgang mit etwas Wasser und streuen 1–2 EL Goldleinsamen darauf.

Sauerteigbrot mit Goldleinsamen

Programm: „Normal", „Schnell" oder „Vollkorn"
Ergibt ein Brot von ca. 650 g

Sauerteig:
7 g Sauerteig-Anstellgut (gereift und triebstark)
70 g Ur-Roggenmehl Type 1150
70 ml Wasser, lauwarm

Quellstück:
50 g Goldleinsamen
100 ml Wasser, lauwarm

Hauptteig:
ca. 50 ml Wasser, lauwarm
1 TL Weizenkeimöl, lauwarm
50 g Apfelmark
5 g Honig
150 g Einkorn-Vollkornmehl
100 g Ur-Dinkelmehl Type 1050
1 ½ TL Salz
½ TL Trockenhefe (optional)

VORBEREITUNG:
Die Zutaten für den Sauerteig miteinander mischen und den Sauerteig an einem warmen Ort 12–15 Stunden gehen lassen. Die Zutaten für das Quellstück ebenfalls miteinander mischen und mind. 4 Stunden ausquellen lassen.

ZUBEREITUNG:
Sauerteig und Quellstück zusammen mit den Zutaten für den Hauptteig in die Backform füllen und Programm starten.

Sauerteigbrot mit Goldleinsamen – diesen Genuss sollten Sie sich nicht entgehen lassen.

Ur-Brote mit gekauftem Sauerteig und Hefe

In den Rezepten kann der flüssige Sauerteig auch gegen Sauerteigpulver oder „Sauerteigextrakt“ ausgetauscht werden. Beachten Sie hierbei unbedingt die Herstellerangaben bezüglich der Menge. Diese Art der Versäuerung dient überwiegend dem Geschmack und Aroma der Brotteige. Bei diesen gekauften „Sauerteigen“ ist keine Triebkraft vorhanden, er ist also nicht aktiv, so dass immer Hefe mit zugegeben werden muss.

Weinbrot mit Ur-Dinkel

Programm: „Normal“, „Schnell“ oder „Vollkorn“
Ergibt ein Brot von ca. 550 g

100 ml Weißwein (Riesling oder andere Lieblingssorte)
ca. 90 ml Wasser, lauwarm
20 g flüssiger Sauerteig
250 g Ur-Dinkelmehl Type 630
80 g Ur-Roggen-Vollkornmehl
1 TL Salz
1 TL Trockenhefe

ZUBEREITUNG:
Zutaten in die Backform füllen und Programm starten.

Tipp Wenn Sie es etwas ausgefallener mögen, geben Sie nach dem Signalton noch etwas Rosinen mit Röstzwiebeln oder getrocknete Tomaten mit Walnüssen zum Teig.

Weinbrot mit Ur-Dinkel – je nach Weinsorte erhalten Sie einen anderen Geschmack.

Waldstauden-roggen-Mischbrot

Programm: „Normal“, „Schnell“ oder „Vollkorn“

Ergibt ein Brot von ca. 900 g

ca. 350 ml Wasser, lauwarm
1 EL Leinöl
300 g Waldstaudenroggenmehl
200 g Ur-Dinkelmehl Type 1050
30 g Bio-Roggensauerteigpulver
1 EL Birnendicksaft
1½ TL Salz
2 TL Trockenhefe

ZUBEREITUNG:
Zutaten in die Backform füllen und Programm starten.

Quark-Roggen-mischbrot

Programm: „Normal“, „Schnell“ oder „Vollkorn“

Ergibt ein Brot von ca. 950 g

ca. 270 ml Wasser, lauwarm
1 EL Speiseöl
100 g Speisequark
75 g flüssiger Natursauerteig
200 g Ur-Roggenvollkornmehl
200 g Ur-Dinkelmehl Type 630
100 g Einkorn-Vollkornmehl
1 TL Honig
2 TL Salz
2 TL Trockenhefe

ZUBEREITUNG:
Zutaten in die Backform füllen und Programm starten.

Quark-Roggenmischbrot mit Frischkäse oder Quark als Aufstrich – einfach gut.

Senfsprossenbrot

Programm: „Normal“, „Schnell“ oder „Vollkorn“

Ergibt ein Brot von ca. 900 g

ca. 300 ml Wasser, lauwarm
2 EL Walnussöl
50 g flüssiger Natursauerteig
2 EL Honigsenf
200 g Ur-Dinkel-Vollkornmehl
150 g Ur-Dinkelmehl Type 1050
150 g Ur-Roggen-Vollkornmehl
1 ½ TL Salz
2 TL Trockenhefe
2 EL Senfsprossen
2 EL Sonnenblumenkerne

ZUBEREITUNG:
Zutaten bis auf Senfsprossen und Sonnenblumenkerne in die Backform füllen und Programm starten. Sprossen und Kerne nach dem Signalton dazugeben.

Tipp Zu kaufen gibt es verschiedene Senfarten, wie gelber Senf und schwarzer Senf, letzterer ist meist etwas schärfer.

Gepufftes Ur-Dinkelbrot

Programm: „Normal“ oder „Vollkorn“

Ergibt ein Brot von ca. 950 g

ca. 220 ml Wasser, lauwarm
75 g flüssiger Natursauerteig
300 g Ur-Dinkelmehl Type 1050
1 TL Salz
1 ½ TL Trockenhefe
150 g Amaranth, gepufft
120 g Ur-Roggenschrot, mittel
120 g Ur-Dinkelschrot, mittel

ZUBEREITUNG:
Zutaten in die Backform füllen und Programm starten.

Gepufftes Ur-Dinkelbrot – schmeckt auch lauwarm mit etwas Butter und Salz.

Haferflockenbrot

Programm: „Normal“, „Schnell“ oder „Vollkorn“
Ergibt ein Brot von ca. 950 g

ca. 350 ml Wasser, lauwarm
50 g flüssiger Natursauerteig
300 g Ur-Dinkelmehl Type 630
100 g Ur-Roggenschrot, mittelfein
100 g Kamutmehl, hell
50 g Haferflocken, Kleinblatt
1 ½ TL Salz
2 TL Trockenhefe

ZUBEREITUNG:
Zutaten in die Backform füllen und Programm starten.

Tipp Die Teigoberfläche nach dem letzten Knetgang mit Wasser bestreichen und mit Haferflocken oder Dinkelflocken bestreuen.

Ur-Schrot-Vollkornbrot

Programm: „Normal“ oder „Vollkorn“
Ergibt ein Brot von ca. 600 g

120 g Ur-Roggenschrot, mittelfein
120 g Ur-Dinkelschrot, mittelfein
ca. 250 ml Wasser, heiß
35 g flüssiger Natursauerteig
60 g Kamutmehl, hell
1 EL Agavendicksaft
1 TL Salz
1 ½ TL Trockenhefe

ZUBEREITUNG:
Das Schrot mit 250 ml heißem Wasser überbrühen und abkühlen lassen. Alle Zutaten in die Backform füllen und Programm starten.

Malzbier-Roggenbrot

Programm: „Normal“, „Schnell“ oder „Vollkorn“
Ergibt ein Brot von ca. 850 g

300 ml Malzbier, lauwarm
2 EL Speiseöl
50 g flüssiger Natursauerteig
250 g Ur-Roggen-Vollkornmehl
250 g Ur-Dinkelmehl Type 1050
1 ½ TL Salz
1 ½ TL Trockenhefe

ZUBEREITUNG:
Zutaten in die Backform füllen und Programm starten.

Malzbier-Roggenbrot erhält durch das Malzbier eine dunklere Färbung und einen intensiven Geschmack.

Ur-Brote mit Backferment

Backferment ist ein mildsaures Backtriebmittel aus Honig, Getreide und Hülsenfrüchtemehl. Damit hergestellte Brote und Brötchen sind für Menschen mit empfindlichem Verdauungstrakt oft besser bekömmlich als Gebäck mit Hefe oder Sauerteig. Backfermentbrote sind aromatisch und bleiben lange frisch. Obwohl es so nie bezeichnet wird, handelt es sich beim Backferment im Grunde um einen milden Sauerteig.
Wie bei einem selbstgezüchteten Sauerteig muss vor dem Backen ein Grundansatz zur Verfügung stehen. Dieser kann fertig gekauft oder selbst hergestellt werden. Da es verschiedene Handelsprodukte gibt, beachten Sie bitte die Herstellerangaben. Backferment gibt es in Reformhäusern, Bioläden oder in Internetshops als trockenes Granulat, Pulver oder Grundansatz zu kaufen.

Ur-Dinkel-Schrotbrot mit Backferment

Programm: „Normal" oder „Vollkorn"
Ergibt ein Brot von ca. 800 g

Vorteig:
7 g Backferment Grundansatz (Sekowa)
3 g Backferment Granulat/Pulver (Sekowa)
130 ml Wasser, lauwarm
100 g Ur-Dinkelschrot, mittelfein
50 g Ur-Dinkel-Vollkornmehl

Hauptteig:
ca. 210 ml Wasser, lauwarm
200 g Ur-Dinkelschrot, mittelfein
100 g Ur-Dinkel-Vollkornmehl
1 ½ TL Salz

ZUBEREITUNG:
Grundansatz und Granulat im warmen Wasser auflösen, zusammen mit dem Mehl in die Backform füllen. Programm „Teig" für 2–3 Minuten starten, bis alles gut vermischt ist, evtl. mit einem Teigschaber die Teigreste von der Backform ablösen und untermischen. Programm mit „Stopp" beenden, Deckel schließen und den Vorteig 12–15 Stunden ruhen lassen. Dann die Zutaten für den Hauptteig dazugeben und im Anschluss Programm starten.

Ur-Dinkel-Schrotbrot erhält durch die Schrotzugabe seinen typischen Charakter.

Kamut-Möhrenbrot mit Backferment

Programm: „Normal" oder „Vollkorn"
Ergibt ein Brot von ca. 900 g

Vorteig:
7 g Backferment Grundansatz (Sekowa)
3 g Backferment Granulat/Pulver (Sekowa)
130 ml Wasser, lauwarm
150 g Kamut-Vollkornmehl

Hauptteig:
ca. 210 ml Wasser, lauwarm
200 g Kamutmehl, hell
100 g Ur-Dinkel-Vollkornmehl
1 ½ TL Salz
100 g Karotte, grob geraspelt
1 TL fein gehackte Petersilie

ZUBEREITUNG:
Grundansatz und Granulat im warmen Wasser auflösen, zusammen mit dem Mehl in die Backform füllen. Programm „Teig" für 2–3 Minuten starten, bis alles gut vermischt ist, evtl. mit einem Teigschaber die Teigreste von der Backform ablösen und untermischen. Programm mit „Stopp" beenden, Deckel schließen und den Vorteig 12–15 Stunden ruhen lassen. Dann die Zutaten für den Hauptteig bis auf Karotte und Petersilie dazugeben und Programm starten. Nach dem Signalton geraspelte Karotte und gehackte Petersilie dazugeben.

Backferment bei Zöliakie

Um das Ferment auch für Zöliakiekranke zugänglich zu machen, wurde 1991 zusätzlich ein glutenfreies Ferment auf Maisbasis entwickelt.

Ur-Roggenmischbrot mit Backferment

Programm: „Normal" oder „Vollkorn"
Ergibt ein Brot von ca. 750 g

Vorteig:
10 g Backferment Grundansatz (Sekowa)
3 g Backferment Granulat/Pulver (Sekowa)
200 ml Wasser, lauwarm
150 g Ur-Roggen-Vollkornmehl

Hauptteig:
120 ml Buttermilch, leicht erwärmt
270 g Ur-Dinkel-Vollkornmehl
1 ½ TL Salz

ZUBEREITUNG:
Grundansatz und Granulat im warmen Wasser auflösen, zusammen mit dem Mehl in die Backform füllen. Programm „Teig" für 2–3 Minuten starten, bis alles gut vermischt ist, evtl. mit einem Teigschaber die Teigreste von der Backform ablösen und untermischen. Programm mit „Stopp" beenden, Deckel schließen und den Vorteig 12–15 Stunden ruhen lassen. Dann die Zutaten für den Hauptteig dazugeben und im Anschluss Programm starten.

Ur-Roggenmischbrot: Ein rustikaler, urtümlicher und herzhafter Brotgenuss.

Ur-Dinkel-Körnerbrot mit Backferment

Programm: „Normal“ oder „Vollkorn“
Ergibt ein Brot von ca. 900 g

Brühstück:
20 g Dinkel-Vollkornflocken
20 g Leinsamen
30 g Sonnenblumenkerne
1 TL Zuckerrübensirup
1 ½ TL Salz
150 ml Wasser, kochend

Vorteig:
7 g Backferment Grundansatz (Sekowa)
3 g Backferment Granulat/Pulver (Sekowa)
130 ml Wasser, lauwarm
100 g Ur-Dinkelschrot, mittel
50 g Ur-Dinkel-Vollkornmehl

Hauptteig:
ca. 100 ml Wasser, lauwarm
300 g Ur-Dinkelmehl Type 630

VORBEREITUNG:
Einige Stunden vor der Teigbereitung die Zutaten für das Brühstück in einer Schüssel oder in einem Topf mit kochendem Wasser übergießen und mind. 2 Stunden zugedeckt ausquellen lassen.

ZUBEREITUNG:
Grundansatz und Granulat im warmen Wasser auflösen, zusammen mit dem Mehl in die Backform füllen. Programm „Teig“ für 2–3 Minuten starten, bis alles gut vermischt ist, evtl. mit einem Teigschaber die Teigreste von der Backform ablösen und untermischen. Programm mit „Stopp“ beenden, Deckel schließen und den Vorteig 12–15 Stunden ruhen lassen. Dann das Brühstück und die Zutaten für den Hauptteig dazugeben und im Anschluss Programm starten.

Emmer-Ur-Dinkelbrot mit Backferment

Programm: „Normal“ oder „Vollkorn“
Ergibt ein Brot von ca. 950 g

Quellstück:
50 g Goldleinsamen
100 ml Wasser, warm

Vorteig:
15 g Backferment Grundansatz (Back-Natur)
150 ml Wasser, lauwarm
150 g Ur-Dinkel-Vollkornmehl

Hauptteig:
ca. 150 ml Wasser, lauwarm
300 g Emmer-Vollkornmehl
50 g Ur-Dinkelmehl Type 630
1½ TL Salz

VORBEREITUNG:
Einige Stunden vor der Teigbereitung den Goldleinsamen in einer Schüssel mit dem warmen Wasser übergießen und mind. 2 Stunden, am besten über Nacht, zugedeckt ausquellen lassen.

ZUBEREITUNG:
Grundansatz im warmen Wasser auflösen, zusammen mit dem Mehl in die Backform füllen. Programm „Teig“ für 2–3 Minuten starten, bis alles gut vermischt ist, evtl. mit einem Teigschaber die Teigreste von der Backform ablösen und untermischen. Programm mit „Stopp“ beenden, Deckel schließen und den Vorteig 12–15 Stunden ruhen lassen. Dann das Quellstück und die Zutaten für den Hauptteig dazugeben und im Anschluss Programm starten.

Einkorn-Roggenbrot mit Backferment

Programm: „Normal“ oder „Vollkorn“
Ergibt ein Brot von ca. 1000 g

Quellstück:
30 g Leinsamen
20 g Ur-Dinkelflocken
20 g Sonnenblumenkerne
100 ml Wasser, warm

Vorteig:
15 g Backferment Grundansatz (Back-Natur)
150 ml Wasser, lauwarm
150 g Einkorn-Vollkornmehl

Hauptteig:
ca. 150 ml Wasser, lauwarm
1 EL Olivenöl
150 g Ur-Roggen-Vollkornmehl
100 g Einkorn-Vollkornmehl
100 g Ur-Dinkelmehl Type 630
1½ TL Salz

VORBEREITUNG:
Einige Stunden vor der Teigbereitung die Zutaten für das Quellstück in einer Schüssel mit dem warmen Wasser übergießen und mind. 2 Stunden, am besten über Nacht, zugedeckt ausquellen lassen.

ZUBEREITUNG:
Grundansatz im warmen Wasser auflösen, zusammen mit dem Mehl in die Backform füllen. Programm „Teig“ für 2–3 Minuten starten, bis alles gut vermischt ist, evtl. mit einem Teigschaber die Teigreste von der Backform ablösen und untermischen. Programm mit „Stopp“ beenden, Deckel schließen und den Vorteig 12–15 Stunden ruhen lassen. Dann das Quellstück und die Zutaten für den Hauptteig dazugeben und im Anschluss Programm starten.

Einkorn-Roggenbrot – eine tolle Zutatenkombination.

Schnelle Ur-Brote mit Backpulver

Brote, die mit Backpulver statt Hefe oder Sauerteig hergestellt werden, brauchen keine Ruhezeit. Nach dem Teigkneten wird das Brot sofort gebacken, so hat man in nur einer Stunde ein frisches Brot auf dem Tisch.

Einkorn-Dinkel-Flockenbrot mit Backpulver

Programm: „Backpulver“ oder „Teig + Backen“

Ergibt ein Brot von ca. 900 g

Kochstück:
200 ml Wasser
100 g Ur-Dinkelflocken

Teig:
300 g Ur-Dinkelmehl Type 1050
100 g Einkorn-Vollkornmehl
200 ml Vollmilch
1 EL Zuckerrübensirup
1 ½ TL Salz
1 Pkg. Weinsteinbackpulver

VORBEREITUNG:
Für das Kochstück das Wasser aufkochen und die Dinkelflocken einrühren. Zugedeckt abkühlen lassen.

ZUBEREITUNG:
Das Kochstück zusammen mit den Teigzutaten in die Backform füllen und Programm „Backpulver“ starten. Oder die Zutaten mit dem Programm „Teig“ für 5–10 Minuten kneten lassen, Programm beenden und Programm „Backen“ für ca. 50–60 Minuten starten.

Einkorn-Dinkel-Flockenbrot wird durch das Backpulver ganz schnell und einfach hergestellt.

Quarkbrot mit Backpulver

Programm: „Backpulver“ oder „Teig + Backen“

Ergibt ein Brot von ca. 500 g

150 ml Speisequark
60 ml Milch
30 g Naturjoghurt
20 g Butter, weich
125 g Ur-Dinkelmehl Type 630
125 g Kamutmehl Type 1600
1 TL Salz
½ TL Zucker
1 Pkg. Weinsteinbackpulver

ZUBEREITUNG:
Alle Zutaten in die Backform füllen und Programm „Backpulver“ starten. Oder die Zutaten mit dem Programm „Teig“ für 5–10 Minuten kneten lassen, Programm beenden und Programm „Backen“ für ca. 50 Minuten starten.

Quarkbrot mit Backpulver ist ein einfaches Rezept, das wirklich jedem gelingt.

Gewürzbrot mit Backpulver

Programm: „Backpulver“ oder „Teig + Backen“
Ergibt ein Brot von ca. 500 g

100 g Ur-Dinkelmehl Type 1050
100 g Einkorn-Vollkornmehl
50 g Kamutmehl Type 1600
250 ml Speisequark
1 Ei
1 TL Salz
1 Pkg. Weinsteinbackpulver
1 TL Brotgewürz

ZUBEREITUNG:
Alle Zutaten in die Backform füllen und Programm „Backpulver“ starten. Oder die Zutaten mit dem Programm „Teig“ für 5–10 Minuten kneten lassen, Programm beenden und Programm „Backen“ für ca. 50–60 Minuten starten.

Ur-Dinkelbrot mit Backpulver

Programm: „Backpulver“ oder „Teig + Backen“
Ergibt ein Brot von ca. 800 g

150 ml Milch
100 ml Wasser, lauwarm
2 EL Speisequark
30 g Butter, weich
500 g Ur-Dinkel-Vollkornmehl
1 ½ TL Salz
1 Pkg. Weinsteinbackpulver

ZUBEREITUNG:
Alle Zutaten in die Backform füllen und Programm „Backpulver“ starten. Oder die Zutaten mit dem Programm „Teig“ für 5–10 Minuten kneten lassen, Programm beenden und Programm „Backen“ für ca. 50–60 Minuten starten.

Emmerbrot mit Backpulver

Programm: „Backpulver“ oder „Teig + Backen“
Ergibt ein Brot von ca. 700 g

300 g Emmermehl, fein gemahlen
50 g Lichtkornroggen-Vollkornmehl
50 g Kamutmehl, hell
300 ml Buttermilch
1 ½ TL Salz
1 Pkg. Weinsteinbackpulver

ZUBEREITUNG:
Alle Zutaten in die Backform füllen und Programm „Backpulver“ starten. Oder die Zutaten mit dem Programm „Teig“ für 5–10 Minuten kneten lassen, Programm beenden und Programm „Backen“ für ca. 50–60 Minuten starten.

Süße Gebäcke mit Urgetreide

Süße Gebäcke mit Urgetreide

Sie sind süß, sie sind lecker und schnell und einfach zubereitet. Kastenkuchen und süße Brote sind Klassiker, die jede Kaffeetafel oder den Frühstückstisch bereichern. Hier ist für jeden Geschmack etwas dabei.

Zubereitung von süßen Gebäcken im Brotbackautomaten:

- Bei den süßen Hefekuchen haben sich die Programme „Süße Brote“ oder „Normal“ bewährt.
- Bei den Backpulverteigen werden alle Zutaten in eine Schüssel gegeben und mit dem Handrührgerät gemixt. Anschließend den Teig in die Backform des Brotbackautomatens (ohne Knethaken) füllen. Das Programm „Backen“ starten und nach ca. 50–60 Minuten plus Abkühlzeit können Sie ihr Prachtwerk genießen.
- Oder Sie füllen alle Zutaten in die Backform und lassen mit dem Programm „Backpulver“ oder „Kuchen“ den Brotbackautomaten alles Weitere erledigen. Alternativ können Sie auch mit dem Programm „Teig“ die Zutaten mischen lassen. Sobald alles gleichmäßig verrührt ist, stoppen Sie das Programm manuell und starten mit dem Programm „Backen“.
- Nach Ende der Backzeit eine Stäbchenprobe machen und evtl. nachbacken.
- Süße Gebäcke auf einem Gitterrost abkühlen lassen.

Vanille-Sahne-Kuchen

Programm: „Backen“
Ergibt einen Kuchen von ca. 500 g

2 Eier
1 Prise Salz
100 g Zucker
½ Vanilleschote, Mark ausgekratzt
150 ml Sahne
150 g Kamutmehl, hell
½ TL Backpulver

ZUBEREITUNG:
Eier mit einer Prise Salz, Zucker und Vanillemark mit dem Rührgerät verrühren, bis die Masse cremig-hell wird. Schlagsahne steif schlagen und zusammen mit dem Mehl und Backpulver mit einem Teigschaber unter die Zucker-Eiermasse heben. Teig in die Backform füllen. Programm starten und für ca. 50 Minuten backen.

Tipp Den Kuchen noch warm mit einer Mischung aus 50 ml Sahne und 30 ml Ahornsirup (oder 1 Pkg. Vanillezucker) bepinseln.

Dem Duft vom Vanille-Sahne-Kuchen kann keiner widerstehen.

Emmerbier-Kuchen

Programm: „Backen“, „Backpulver“ oder „Teig + Backen“

Ergibt einen Kuchen von ca. 600 g

60 g Butter, weich
100 g Zucker
1 Pkg. Vanillezucker
1 Prise Zimtpulver
2 Eier
175 g Ur-Dinkelmehl Type 630
3 EL (30 g) Kakao
1 TL Backpulver
125 ml Emmerbier

ZUBEREITUNG:

Butter, Zucker, Vanillezucker und Zimt mit dem Rührgerät schaumig rühren. Eier nach und nach unterrühren. Ur-Dinkelmehl, Kakao und Backpulver mischen und abwechselnd mit dem Emmerbier unterrühren. Teig in die Backform füllen. Programm „Backen“ starten und für ca. 45 Minuten backen. Alternativ den Kuchen mit den Programmen „Backpulver“ oder „Teig + Backen“ zubereiten (siehe Kasten S. 102).

Tipp Das Bier schmecken Sie im Kuchen nicht mehr heraus, es gibt dem Teig aber eine schöne Textur und einen leicht malzigen Geschmack.

Emmerbier-Kuchen ist saftig, schokoladig und sehr köstlich.

Kamut-Kuchen mit Buttermilch und Hirsepops

Programm: „Backen", „Backpulver" oder „Teig + Backen"
Ergibt einen Kuchen von ca. 550 g

2 Eier
100 g Zucker
1 Pkg. Vanillezucker
2 EL (20 g) Speisestärke
150 g Kamutmehl, hell
1 Prise Salz
1 ½ TL Backpulver
100 ml Butter, weich
60 ml Buttermilch
20 g Hirsepops

ZUBEREITUNG:
Eier, Zucker, Vanillezucker und Speisestärke mit dem Rührgerät schaumig rühren. Kamutmehl, Salz und Backpulver mischen und abwechselnd mit der Butter und der Buttermilch unterrühren. Zum Schluss die Hirsepops nur kurz unterarbeiten. Teig in die Backform füllen und Programm „Backen" starten und für ca. 50 Minuten backen. Alternativ den Kuchen mit den Programmen „Backpulver" oder „Teig + Backen" zubereiten (siehe Kasten S. 102).

Tipp Um eine stärkere Bräunung des Kuchenbodens zu vermeiden, können Sie die Backform des Brotbackautomatens mit Backpapier auslegen.

Tipp Alle Zutaten sollten, wenn nicht anders angegeben, Zimmertemperatur haben, damit sich eine gleichmäßige Masse bildet und sich die Eier nicht von der Butter trennen.
Streuen Sie nach dem Glattstreichen bzw. vor dem Backen des Teiges 2 EL gehobelte Mandeln und etwas Zimt-Zucker auf die Teigoberfläche, das macht das Kuchenaroma perfekt.

Einkornkuchen

Programm: „Backen", „Backpulver" oder „Teig + Backen"
Ergibt einen Kuchen von ca. 500 g

3 Eier
110 g Zucker
1 Pkg. Vanillezucker
fein abgeriebene Schale von 1 Bio-Zitrone
2 EL (20 g) Speisestärke
120 g Einkorn-Vollkornmehl, fein gemahlen
1 TL Backpulver
130 g Butter, flüssig
1 EL Zitronensaft

ZUBEREITUNG:
Eier, Zucker, Vanillezucker, abgeriebene Zitronenschale und Speisestärke mit dem Rührgerät schaumig rühren. Einkornmehl und Backpulver mischen und abwechselnd mit der flüssigen Butter und dem Zitronensaft unterrühren. Teig in die Backform füllen, Programm „Backen" starten und für ca. 50 Minuten backen. Alternativ den Kuchen mit den Programmen „Backpulver" oder „Teig + Backen" zubereiten (siehe Kasten S. 102).

Ur-Dinkel-Kuchen mit Schokoladenstückchen

Programm: „Backen", „Backpulver" oder „Teig + Backen"
Ergibt einen Kuchen von ca. 550 g

3 Eier
110 g Zucker
1 EL Vanillesirup
1 EL (10 g) Maisstärke
130 g Ur-Dinkelmehl Type 630
¾ TL Backpulver
130 ml Butter, flüssig
50 g Zartbitter- oder Vollmilchschokolade, grob gehackt

ZUBEREITUNG:
Eier, Zucker, Vanillesirup und Maisstärke mit dem Rührgerät schaumig rühren. Ur-Dinkelmehl und Backpulver mischen und abwechselnd mit der flüssigen Butter unterrühren. Schokoladenstückchen unter den Teig heben und alles in die Backform füllen. Programm „Backen" starten und ca. 50 Minuten backen. Alternativ den Kuchen mit den Programmen „Backpulver" oder „Teig + Backen" zubereiten (siehe Kasten S. 102).

Tipp Bestäuben Sie den Kuchen nach dem Abkühlen mit Puderzucker oder bestreichen Sie ihn mit einem Schokoladenguss.

Ur-Dinkel-Kuchen mit Schokostückchen – passt auf jede Kaffeetafel.

Apfelkuchen mit Sonnenblumen-kernen

Programm: „Backen“
Ergibt einen Kuchen von ca. 500 g

80 g Ur-Dinkelmehl Type 630
70 g Ur-Dinkel-Vollkornmehl
30 g Kartoffelstärke
2 TL Backpulver
1 Prise Salz
50 ml Milch
50 ml Sonnenblumenöl
1 TL Apfelessig
50 g Honig
40 g Zucker
1 ½ TL Vanillezucker
½ TL abgeriebene Schale von einer Bio-Zitrone
1 Ei
1 kleiner Apfel, geschält und zerkleinert
40 g Sonnenblumenkerne

ZUBEREITUNG:
Mehle und Stärke mit dem Backpulver und dem Salz mischen. Zusammen mit den restlichen Zutaten (außer Apfelstückchen und Sonnenblumenkernen) mit dem Rührgerät gut verrühren. Die Apfelstückchen und Sonnenblumenkerne unter den Teig heben. Die Teigmasse in die Backform füllen. Programm starten und für ca. 50 Minuten backen.

Tipp Den Kuchen mit Calvados beträufeln. Oder karamellisieren Sie einige Sonnenblumenkerne in etwa 1 EL Butter mit 2 EL Honig und verteilen die Masse vor dem Backen auf der Teigoberfläche.

Apfelkuchen mit karamellisierten Sonnenblumenkernen – ein Traum!

Rosinen-Hefekuchen

Programm: „Süße Teige" oder „Normal"
Ergibt einen Hefekuchen von ca. 1000 g

250 ml Vollmilch
1 Ei
50 ml Butter, weich
50 g Zucker
2 EL Honig
1 TL Salz
500 g Ur-Dinkelmehl Type 630
1½ TL Trockenhefe
80 g Rosinen

ZUBEREITUNG:
Alle Zutaten bis auf die Rosinen in die Backform füllen und Programm starten. Nach dem Signalton die Rosinen zugeben.

Tipp Statt Rosinen eigenen sich auch andere Trockenfrüchte oder Schokoladenstückchen.
Wenn Sie die Rosinen vor der Verarbeitung in Wasser oder Fruchtsaft einweichen, sind diese nicht so hart und trocken im Kuchen.

Ur-Dinkel-Karotten-Kuchen

Programm: „Backen"
Ergibt einen Kuchen von ca. 500 g

2 Eier
1 Prise Salz
1 Msp. Backpulver
75 g Zucker
½ TL abgeriebene Schale von einer Bio-Orange
125 g Karotten, fein gerieben
90 g Haselnüsse, gemahlen
70 g Ur-Dinkelmehl Type 630
50 g Vollmilchschokolade, grob gehackt

ZUBEREITUNG:
Eier trennen. Eiweiß mit einer Prise Salz und etwas Backpulver mit dem Rührgerät steif schlagen, den Zucker dabei nach und nach dazugeben. Eigelbe, Orangenschale, geriebene Karotten, Haselnüsse, Mehl und Schokoladenstückchen mit dem Teigschaber unter den Eischnee heben. Teig in die Backform füllen. Programm „Backen" starten und für ca. 50 Minuten backen.

Warum im Brotbackautomaten backen und nicht im Ofen?

Es gibt viele Vorteile: Keine Vorheizzeit, wesentlich weniger Stromkosten im Vergleich zum Haushaltsofen. Zudem ist kein Einfetten der Backform nötig und das Ergebnis ist einfach saftig und lecker.

Süßer Quarkkuchen

Programm: „Süße Teige“ oder „Schnell“
Ergibt einen Hefekuchen von ca. 600 g

125 g Speisequark
70 ml Vollmilch
1 Ei
40 ml Butter, weich
50 g Zucker
1 Pkg. Vanillezucker
40 g Marzipan, mit einer Reibe fein gerieben
125 g Ur-Dinkelmehl Type 630
125 g Kamut, hell
1 TL Trockenhefe

ZUBEREITUNG:
Alle Zutaten in die Backform füllen und Programm starten.

Tipp Für weitere Varianten geben Sie noch zusätzlich Rosinen, Trockenfrüchte, Krokant oder Schokoladenstückchen zum Teig.

Geschenkidee - eigene Backmischungen im Glas

> Diese pfiffige Idee ist ein Hingucker, sieht dekorativ aus und macht sich als Geschenk besonders gut. Geben Sie einfach die trockenen Zutaten für Ihr Lieblingsrezept in ein verschließbares Glas, also Mehl, Zucker, Backpulver oder Trockenhefe, Gewürze, Trockenfrüchte, Nüsse und Saaten.

> Achten Sie dabei darauf, keine verderblichen Waren zu verwenden. Befüllen Sie die Gläser am besten mit einem Trichter oder Löffel. Klopfen Sie das Glas nach dem Befüllen mit den einzelnen Zutaten etwas auf den Tisch, damit sich die Mehle verdichten und auch beim Transport die kunstvollen Schichten in Form bleiben und sich nicht vermischen.

> Das Glas versehen Sie dann mit einem Anhänger mit der Backanleitung. Dies kann z. B. so aussehen: „300 ml Wasser, 2 EL Olivenöl dazugeben und mit der Mischung aus diesem Glas in den Brotbackautomaten geben. Programm „Schnell“ starten. Lasst es euch schmecken!“

> Jetzt können Sie das Glas noch nach Lust und Laune verzieren. Hierüber freut sich wirklich jeder, der gerne backt.

Kirschmohnkuchen

Programm: „Backen“
Ergibt einen Kuchen von ca. 800 g

Mohnmasse:
50 g Marzipanrohmasse
80 ml Milch
20 g Zucker
20 g Haferflocken, Kleinblatt
40 g Mohn, gemahlen

Teig:
70 g Butter
70 g Zucker
1½ TL Vanillezucker
½ TL abgeriebene Schale von einer Bio-Zitrone
2 Eier
1 Prise Salz
40 ml Milch
150 g Ur-Dinkelmehl Type 630
2 TL Backpulver
150 g frische Süßkirschen, entsteint

Glasur:
50 g Puderzucker
ca. 1 EL Zitronensaft
ca. 1 EL Mohnsamen zum Bestreuen

ZUBEREITUNG:
Zuerst die Mohnmasse kochen. Dazu Marzipan nach und nach mit der Milch weichkneten, Zucker dazugeben und aufkochen lassen. Haferflocken und Mohn unterrühren und die Masse abkühlen lassen. Für den Teig Butter mit Zucker, Vanillezucker und Zitronenschale mit dem Rührgerät schaumig rühren. Eier nach und nach zugeben, Mohnmasse, Milch und Mehl mit Backpulver unterrühren. Die Kirschen vorsichtig unter den Teig heben. Die Teigmasse in die Brotbackautomatenform füllen. Programm starten und für ca. 55–60 Minuten backen. Ca. 50 g Puderzucker mit ca. 1 EL Zitronensaft verrühren. Den Kuchen nach dem Abkühlen mit der Glasur bestreichen und sofort mit etwas Mohn bestreuen.

Gut Kirschen essen

Im Juli beginnt die Kirschsaison der süßen roten Früchtchen, etwas später folgen die leicht säuerlichen Sauerkirschen, auch Schattenmorellen genannt. Die Anzahl der Kirschensorten ist enorm, im Handel unterscheidet man zwischen Süßkirschen, Sauerkirschen und Bastardkirschen (Kreuzung aus Süß- und Sauerkirsche). Kirschen eignen sich auch hervorragend zum Einfrieren. Tiefgefrorene Früchte sind besonders für Rührkuchen, in denen die Früchte mitgebacken werden, gut geeignet.

Kirschmohnkuchen – diesen Genuss sollten Sie sich nicht entgehen lassen.

Apfelbrot

Programm: „Backen“
Ergibt ein Brot von ca. 800 g

2 Äpfel, ca. 150 g
150 g Apfelmus
20 ml Kirschwasser
1 TL Zitronensaft
60 g Zucker
1½ TL Vanillezucker
1 Prise Salz
½ TL Kakaopulver
½ TL Zimt, gemahlen
1 TL Espresso Instant-Kaffee
50 g Mandeln, gemahlen
150 g Trockenfrüchte (Kirschen, Pflaumen, Rosinen)
30 g Walnüsse, grob gehackt
150 g Ur-Dinkelmehl Type 630
20 g Kamutmehl, hell
2 TL Backpulver
2 EL Mandeln, gehobelt

Tipp Den Kuchen nach dem Backen noch heiß mit zerlassener Butter bestreichen und mit Puderzucker bestäuben. Oder, auch sehr aromatisch, mit erwärmtem Apfelgelee bepinseln.

VORBEREITUNG:
Die Äpfel schälen, das Kerngehäuse entfernen und die Äpfel in kleine Stücke schneiden. Zusammen mit Apfelmus, Kirschwasser, Zitronensaft, Zucker, Vanillezucker, Salz, Kakaopulver, Zimt, Instantkaffeepulver, Mandeln, Trockenfrüchten und Walnüssen in einen Behälter mit Deckel geben und gut vermengen. Den Behälter verschließen und die Zutaten 12–24 Stunden durchziehen lassen.

ZUBEREITUNG:
Am nächsten Tag Dinkel- und Kamutmehl mit Backpulver mischen und unter die Fruchtmischung rühren. Den Teig in die Backform (ohne Knethaken) füllen, Oberfläche glatt streichen und mit gehobelten Mandelblättern bestreuen. Programm „Backen“ starten und für ca. 60 Minuten backen.

Wenn Sie Früchtebrot mögen, werden Sie dieses Apfelbrot lieben.

Buchweizenkuchen

Programm: „Backen“
Ergibt einen Kuchen von ca. 650 g

3 Eier
125 g Butter, weich
120 g Zucker
1 Pkg. Vanillezucker
125 g Buchweizenmehl
100 g Mandeln, blanchiert, gemahlen
20 g Einkorn-Vollkornmehl
1 EL Backpulver
1 TL Kakaopulver
1 Prise Zimt, gemahlen
ca. 100 g Preiselbeermarmelade oder Marmelade nach Ihrem Geschmack
Puderzucker zum Bestreuen

ZUBEREITUNG:
Eier trennen und das Eiweiß steif schlagen. Eigelb, Butter, Zucker und Vanillezucker mit dem Rührgerät schaumig rühren. Buchweizenmehl, Mandeln, Einkornmehl, Backpulver, Kakao und Zimt mischen und unter die Schaummasse rühren. Eischnee unter den Teig heben. Teig in die Backform (ohne Knethaken) füllen. Programm „Backen“ starten und für ca. 50 Minuten backen. Nach dem Backen den Kuchen abkühlen lassen und quer halbieren. Auf die untere Hälfte die Marmelade streichen und die obere Hälfte auflegen. Mit Puderzucker bestäuben.

Buchweizenkuchen oder auch Schwarzplentener-Kuchen

In Südtirol ist er eine besondere Spezialität, die auf fast jeder Speisekarte zu finden ist. Dort bezeichnet man Buchweizen als Schwarzplenten. Mit seinem nussigen Aroma harmoniert er sehr gut mit Mandeln und Preiselbeeren. Den Kuchen können Sie gerne ein bis zwei Tage im Voraus backen, so zieht er gut durch. Klassisch wird er mit geschlagener Sahne oder Preiselbeersahne serviert.

Buchweizenkuchen ist unbeschreiblich lecker – unbedingt nachbacken!

Weißwein-Zopfbrot

Programm: „Süße Teige“ oder „Normal“
Ergibt einen Hefekuchen von ca. 950 g

250 ml Weißwein (Riesling oder andere Lieblingssorte), lauwarm erwärmt
1 Vanilleschote, Mark ausgekratzt
400 g Ur-Dinkelmehl Type 630
100 g Kamutmehl, hell
1 Ei
60 ml Butter, weich
60 g Zucker
1 TL Salz
½ TL Zitronensaft
40 g Rosinen
1½ TL Trockenhefe

Tipp Weitere Varianten lassen sich schnell zaubern, indem Sie statt Rosinen einige Trockenfeigen oder Gewürze wie Safran, Anis oder Zimt zugeben. Ein Abstreichen mit Eigelb oder Milch sowie das Bestreuen mit gehobelten Mandeln oder Hagelzucker nach dem letzten Knetgang werten das Zopfbrot optisch zusätzlich auf.

VORBEREITUNG:
Brühstück erstellen: 130 ml Weißwein mit dem ausgekratzten Vanillemark und der Schote in einem Topf aufkochen lassen. Vanilleschote entfernen und den „Vanilleweißwein“ mit 100 g Ur-Dinkel Type 630 in die Backform füllen und mit dem Programm „Teig“ in ca. 1–2 Minuten verrühren. Programm beenden. Die restlichen 300 g Ur-Dinkelmehl und das Kamutmehl auf die Teigmasse geben, somit wird das Brühstück abgedeckt. Deckel schließen und mind. 4–12 Stunden ausquellen lassen.

ZUBEREITUNG:
Nach der Abkühlzeit zu dem Brühstück den restlichen Weißwein, das Ei, weiche Butter, Zucker, Salz, Zitronensaft, Rosinen und Trockenhefe zugeben und das Programm starten.

Zucchinikuchen mit Haselnüssen

Programm: „Backen“, „Backpulver“ oder „Teig + Backen“
Ergibt einen Kuchen von ca. 1200 g

180 g Zucchini
4 Eier
1 Prise Salz
150 g Butter, flüssig
50 g Speiseöl
200 g brauner Zucker
1 Pkg. Vanillezucker
100 g Haselnüsse, gemahlen
250 g Ur-Dinkel-Vollkornmehl
100 g Ur-Dinkelmehl Type 630
2 TL Zimt, gemahlen
1 Pkg. Backpulver

ZUBEREITUNG:
Zucchini mit einer Reibe fein raspeln, Saft leicht ausdrücken. Eier mit einer Prise Salz, Butter, Öl, Zucker und Vanillezucker mit dem Rührgerät verquirlen. Haselnüsse, Mehl, Zimt und Backpulver mischen und dazugeben, ebenso wie die leicht ausgedrückten Zucchiniraspel. Alles kurz unterrühren, Teig in die Backform (ohne Knethaken) füllen. Programm „Backen“ starten und für ca. 60–70 Minuten backen. Alternativ den Kuchen mit den Programmen „Backpulver“ oder „Teig + Backen“ zubereiten (siehe Kasten S. 102).

Zucchinikuchen mit Haselnüssen ist ein saftiger Hochgenuss.

Schnell nachgeschlagen

Informationsquelle

Internetseiten

Ernährungsinformationen:

www.lebensmittellexikon.de

www.was-wir-essen.de

Arbeitskreis Diätetik von der Allergologie e. V., www.ak-dida.de

Deutsche Gesellschaft für Ernährung e. V., www.dge.de

Deutsche Gesellschaft für Psycho-Allergologie e. V., www.deutsche-psycho-allergologie.de

Deutscher Allergie- und Asthmabund e. V. (DAAB), www.daab.de

Informationen zu Getreide:

Getreidezüchtungsforschung Darzau: Hinweise zum Einkorn unter www.darzau.de

Roggenforum e. V., www.kws.de

Vereinigung Getreide-, Markt- und Ernährungsforschung, www.gmf-info.de

VERN Tagungsband: On-farm-Erhaltung genetischer Ressourcen von Getreide und Ölpflanzen, S.61ff., VERN (Hrsg.), Greiffenberg, 2004, www.vern.de

Buchtipps für Backfans

Beile, Mirjam: Brot aus dem Brotbackautomaten. Über 120 Rezepte für 750 g und 1000 g. Ulmer, 2015

Beile, Mirjam: Vollkornbrote aus dem Brotbackautomaten. Ulmer, 2015

Beile, Mirjam: Kuchen und Knabbereien aus dem Brotbackautomaten. Ulmer, 2011

Beile, Mirjam: Brotbacklust. 222 Rezepte mit und ohne Brotbackautomat. Ulmer, 2016

Bellersen Quirini, Cosima: Am besten hausgemacht. Ulmer, 2015

Bopp, Doris: Landfrauen backen. Rezepte und Geschichten aus Baden-Württemberg. Ulmer, 2017

Dellwig, Gundi und Mendrina, Verena: Heute ist Backtag. Rezepte, Feste und Geschichten rund um den Holzbackofen. Ulmer, 2014

Geißler, Lutz: Brotbackbuch Nr. 1. Grundlagen und Rezepte für ursprüngliches Brot. Ulmer, 2015

Geißler, Lutz, Hollensteiner, Björn: Brotbackbuch Nr. 2. Alltagsrezepte und Tipps für naturbelassenes Brot. Ulmer, 2015

Miedaner, T., Longin, F.: Unterschätzte Getreidearten. Einkorn, Emmer, Dinkel & Co. Verlag Agrimedia, 2017

Teubner Edition: Das große Buch vom Backen. Teubner Verlag, 2012

Bezugsquellen

Getreidemühlen

Hawos, www.hawos.de
Häussler, www.backdorf.de
Komo, www.frischmahlen.de

Brotbackautomaten

Brotbackautomaten sind im Elektrofachhandel, in Supermärkten und Discountern und natürlich auf den entsprechenden Seiten im Internet erhältlich. Achten Sie beim Kauf auch auf den Preis, die Differenzen von Anbieter zu Anbieter sind zum Teil erheblich.

Urkorn-Zutaten, Getreide und Mehle

Eine Auswahl an Backzutaten und Mehlen gibt es in Reformhäusern, Supermärkten, Drogeriemärkten oder direkt in den Mühlen zu kaufen. Im Internet bzw. im Onlineshop bekommen Sie natürlich auch Zutaten, die Sie zum Backen benötigen.
Backferment gibt es von verschiedenen Herstellern, z. B. Sekowa, Biovegan und Backnatur. In meinen Rezepten habe ich das Produkt von Sekowa verwendet.

Hier einige Vorschläge zu Onlineshops:

> Adler Mühle
www.adler-muehle.de

> Bioland Knauf
www.biolandhof-knauf.de

> Chiemgaukorn
www.chiemgaukorn.de/Getreideprodukte-Online-kaufen.htm

> Drax Mühle
www.drax.bioxshop.de/shop

> Kraichgaukorn
www.kraichgaukorn.de

> Legena Naturkost
www.legena-naturkost.de

Die Autorin

Mirjam Beile ist gelernte Bäckerin und Konditorin. Sie absolvierte ihre Ausbildung in einer Vollkornbäckerei in Frankfurt und war zwei Jahre in der Schweiz tätig. Als leidenschaftliche Bäckerin ist der Brotbackautomat ihr liebstes Küchengerät.

Bildquellen

Alle Fotos und das Titelbild stammen von Heike Schmidt-Röger (www.schmidt-roeger.de).

Die in diesem Buch enthaltenen Empfehlungen und Angaben sind von der Autorin mit größter Sorgfalt zusammengestellt und geprüft worden. Eine Garantie für die Richtigkeit der Angaben kann aber nicht gegeben werden. Autorin und Verlag übernehmen keine Haftung für Schäden und Unfälle. Bitte setzen Sie bei der Anwendung der in diesem Buch enthaltenen Empfehlungen Ihr persönliches Urteilsvermögen ein. Der Verlag Eugen Ulmer ist nicht verantwortlich für die Inhalte der im Buch genannten Websites.

Bibliografische Information der Deutschen Nationalbibliothek
Die Deutsche Nationalbibliothek verzeichnet diese Publikation in der Deutschen Nationalbibliografie; detaillierte bibliografische Daten sind im Internet über http://dnb.d-nb.de abrufbar.

Wollgrasweg 41, 70599 Stuttgart (Hohenheim)
E-Mail: info@ulmer.de
Internet: www.ulmer-verlag.de
Lektorat: Claudia Boss-Teichmann, Lisa Seibel
Herstellung: Birgit Heyny
Umschlagkonzeption: Ruska, Martín, Associates GmbH, Berlin
Umschlagentwurf: red.sign GbR, Stuttgart, Anette Vogt
Satz: r&p digitale medien, Echterdingen
Druck und Bindung: Westermann Druck, Zwickau
Printed in Germany

ISBN 978-3-8001-3387-1

Weitere Bücher von Mirjam Beile:

Brot backen im Brotbackautomaten geht ganz einfach: Die Autorin begleitet Sie Schritt für Schritt zum selbst gebackenen Brot. Die ideenreichen Rezepte für regionale Brote, Vollkornbrote, Brötchen, besonders raffinierte Brote, süße und glutenfreie Brote, Kochen mit Brot und Teigzubereitung bringen Abwechslung auf den Tisch.

Brot aus dem Brotbackautomaten.

Über 120 Rezepte für 750 g und 1000 g. 4., aktualisierte Auflage 2015. 128 Seiten, 58 Farbfotos, kart. ISBN 978-3-8001-0314-0.

Knuspriges Brot, Baguette und Brötchen selber backen: Mirjam Beile verrät Ihnen in 222 Rezepten ihre besten Kreationen für den Brotbackautomaten und Ideen für feinste Aufstriche. Kein Automat? Kein Problem! Mit Schritt-für-Schritt-Anleitungen kommen Sie auch ohne Automat zu selbst gebackenen Köstlichkeiten. Mit Tipps und Rezepten für Menschen mit Allergien und Nahrungsmittelunverträglichkeiten.

Brotbacklust. 222 Rezepte für den Brotbackautomaten. 3., aktualisierte Auflage 2016. 144 Seiten, 50 Farbfotos, Klappenbroschur. ISBN 978-3-8001-0866-4.

Sie leiden an Zöliakie, einer Glutensensitivität oder Weizenallergie und sind immer noch auf der Suche nach wirklich gutem Brot? In diesem Buch finden Sie 58 ideenreiche Rezepte für glutenfreie Brote und Kuchen aus dem Brotbackautomaten. Ein umfassender Basisteil liefert das komplette Know-how zu glutenfreien Mehlsorten, Backtriebmitteln und weiteren Zutaten sowie passenden Gewürzen und Superfoods.

Glutenfreie Brote aus dem Brotbackautomaten.

Mit süßen Broten und Kuchen. 2017. 128 Seiten, 61 Farbfotos, Klappenbroschur. ISBN 978-3-8001-0821-3.

Ursprüngliches Brot backen & genießen

Deutschlands erfolgreichster Brot-Blogger, Lutz Geißler, verrät das Geheimnis seiner Kunst. Im Buch erfahren Sie alles über die traditionelle Brotbackkunst mit langer Teigführung und sehr wenig Hefe, außerdem ausführliches Hintergrundwissen zu Zutaten, Zubehör, Grundbegriffen, Techniken zum Kneten und Formen, Faustregeln und zur praktischen Umsetzung im Alltag. Mit über 40 Rezepten.

Brotbackbuch Nr. 1. Grundlagen und Rezepte für ursprüngliches Brot. Lutz Geißler. 3., aktualisierte Auflage 2017. 280 Seiten, 118 Farbfotos, 114 Zeichnungen, geb. ISBN 978-3-8001-0895-4.

Hier ist für jeden etwas dabei: Weizen-, Dinkel- und Roggenbrote und -brötchen mit Hefe oder nur mit Sauerteig oder als No-knead-Brote. Grundteige werden durch kleine Änderungen an die gewünschte Teigführung und die eigenen Zeitvorstellungen angepasst. So backen Sie mit wenigen Zutaten und einfachem Zubehör die leckersten Brote. Mit Rezepten in je vier zeitlichen und geschmacklichen Varianten – mit 100 Rezepten und 800 Fotos.

Brotbackbuch Nr. 2. Alltagsrezepte und Tipps für naturbelassenes Brot. Lutz Geißler, Björn Hollensteiner. 2. Auflage 2018. 272 Seiten, 815 Farbfotos, geb. ISBN 978-3-3186-0118-8.

Das Standardwerk zu den Themen Vollkornbäckerei, Getreide und Müllerei. Erfahren Sie alles über die verschiedenen Mehle, ihre Herstellung und Verwendung, Eigenschaften und Besonderheiten beim Backen. Der Schwerpunkt liegt dabei auf Urgetreide und seltenen Getreidesorten. Mit 70 exklusiv entwickelten Rezepten für Brot, Brötchen und Süßes mit Hefe und Sauerteig, größtenteils reine Vollkornversionen.

Brotbackbuch Nr. 3.

Backen mit Vollkorn und alten Getreidesorten. Lutz Geißler, Monika Drax. 2017. 352 Seiten, 269 Farbfotos, 26 farbige Zeichnungen, geb. ISBN 978-3-8186-0006-8.

Selbst gebackener Hochgenuss

Gut Ding will Weile haben! Martin Pöt Stoldt weiht Sie ein in die vergessene Kunst des natürlichen Backens. Erfahren Sie, wie Sie Ihre eigene Hefe herstellen und mit den verschiedenen Teigführungen erschaffen, woran es handelsüblichem Brot mangelt: volles Aroma, sagenhafte Krume und lange Haltbarkeit. Dieses Werk gibt Ihnen mit leicht verständlichen Schritt-für-Schritt-Anleitungen und über 50 Rezepten einen einzigartigen Wissensschatz an die Hand.

Gutes Brot braucht Zeit. Backen mit langer, kalter Teigführung und eigener Hefe. Martin Pöt Stoldt. 2017. 184 Seiten, 70 Farbfotos, Spiralbindung. ISBN 978-3-8001-5653-5.

Brot backen im Holzbackofen nach alter Tradition: Egal ob Sie Holz- oder Elektroöfen vorziehen – dieses Buch verhilft Ihnen mit 60 traditionellen Rezepten und vielen Tipps zu selbst gebackenem Hochgenuss. Vom ofenfrischen Bauernbrot über Flammkuchen und Hefezöpfe bis hin zu Schneckennudeln und Flachswickeln. Darüber hinaus erfahren Sie, wie Sie Ihren ganz eigenen Backofen im Garten bauen können.

Brot backen im Holzbackofen. Tradition, Anleitungen und Rezepte. Margret Merzenich, Erika Thier. 6., aktualisierte Auflage 2017. 128 Seiten, 60 Farbfotos, 30 farbige Zeichnungen, kart. ISBN 978-3-8186-0101-0.

Glutenfrei backen ganz einfach: fruchtige und cremige Torten, Thementorten für Kindergeburtstage, Blechkuchen, Gemüsekuchen, Cookies, Muffins, Cake Pops, Pralinen und vieles mehr. Mit den zehn Grundrezepten für mehlfreie Tortenböden können Sie nach Herzenslust und Geschmack variieren. Viele der über 80 Rezepte sind „von Natur aus" glutenfrei und alle Zutaten sind einfach im Supermarkt zu beschaffen.

Backen ohne Mehl. Kaffeeklatsch glutenfrei. Anja Donnermeyer. 2016. 128 Seiten, 58 Farbfotos, Klappenbroschur. ISBN 978-3-8001-0338-6.